列島の戦国史1

享徳の乱と戦国時代

久保健一郎

吉川弘文館

刊行のことば

関東の享徳の乱（一四五四年～）、京都を中心とする応仁・文明の乱（一四六七年～）に始まり、大坂夏の陣（一六一五年）をもって終結するとされる戦国時代は、日本史上最も躍動感にみなぎる時代であり、多くの人々の関心を集めている。NHK大河ドラマの舞台の圧倒的多数がこの時代であるのは、その証左といえよう。そこでは、さまざまな英雄が登場し、戦乱を乗り越え時代を切り開いていった姿が描かれている。

甲斐の武田信玄が定めた「甲州法度之次第」で、「天下」は「戦国」なのだから、すべてに優先して武道に励み武具を用意することが肝要だとされているように、戦国時代はまさに戦乱がうち続く世の中だった。それでは、なぜそのような世の中になったのだろうか？　ふつう思い浮かぶのは、足利幕府が弱体化し権威が失墜したため、実力がものを言う分裂抗争が広まったということだろう。その勝者が戦国大名となって群雄割拠の時代を迎え、「天下」をめぐる争いの末、徳川氏が勝利を収め太平の世を生み出したとされるのである。こうした考え方は、新井白石の

『読史余論』や頼山陽の『日本外史』などでも示される、江戸時代以来の通説であり、今日に至るまで強い影響力を有しているといえる。

しかしこれだけなら、単に全国政権が足利幕府から徳川幕府に変わり、社会は平和を回復したということで終わってしまう。実際には、足利幕府と徳川幕府はともに武家政権だが、その支配のやり方は大きく違っていた。たとえば、検地や宗門改を通じて全国の土地や住民を把握することなど、足利幕府も含め中世の国家権力が行ったことはなかった。それだけ、国家による社会や民衆の掌握・管理が強化されたのである。戦国争乱は、そうした新しい政治秩序を生み出すための胎動でもあった。しかもそれは、支配者側の意図によってだけでなく、受け入れる社会の側の変化を基礎としてもたらされたものだった。だから、戦国争乱の意味を理解するためには、英雄たちの動きだけでなく、社会のあり方にまで視野を広げる必要がある。しかもその社会は、民衆が日々の暮らしを営む在地から、海を通じて日本列島と結ばれていた東アジアまでの広がりをもっていたのである。

こうした考えに基づいて、「列島の戦国史」シリーズでは以下に示す編集方針がとられている。まず時間軸として、対象時期を四段階に区分し、それぞれの時期の争乱の特徴を明らかにすることである。第一段階は十五世紀後半で、足利幕府の全国支配は動揺するが、享徳の乱にしても応仁・文明の乱にしても、幕府支配体制の内部抗争という性格をもっている。第二段階は十六世紀前半で、管領細川政元が将軍足利義材（義稙）を廃した明応の政変（一四九三年）を契機に、幕府の全国支配は崩れ、各地で守護の家督騒動や守護代の「下剋上」など、新秩序建設をめぐる覇権争いが展開する。第三段階は十六世紀後半で、東の河越合戦（一五四六年）・西の厳島合戦（一五五五年）における、北条氏・毛利氏という新興勢力の勝利に象徴される地域覇権争いの基本的決着をうけて、その覇者である戦国大名同士の領土紛争（「国郡境目相論」）が展開する。十六世紀末へ向かう時期には、中央で生まれた織田・豊臣権力が各地の戦国大名と敵対・連携し、最終的には小田原合戦の勝利（一五九〇年）により全国制覇（「天下統一」）を達成する。第四段階は十七世紀初頭で、新たな全国政権の主導権をめぐる争いが展開し、徳川氏の勝利で決着する。

また空間軸として、京都や畿内を中心にとらえることなく各地域社会の動向を重視し、一方で周辺の東アジア地域の動向にも目を配ることである。前者については、近年、享徳の乱と応仁・文明の乱の連動性が注目されているように、一方的に中央の政治動向が地方に影響を及ぼすというものではなく、地方には独自の政治状況が存在し、かつそれが中央の状況とも関わって進行していくという、いわば双方向的関係があったことを重視したい。織豊権力による全国制覇の過程も、「惣無事」の強制のような服従の押しつけとして描くのではなく、受け入れる地方の側の対応やその背景にも目を配ることが大切である。したがって、地域社会の政治・経済・文化の状況や、それらを踏まえた戦国大名の領国統治の理解が欠かせず、十分にページを割くこととなった。なお、各巻で同じ事柄について異なる見解・評価が示されていることもあるが、執筆者各自の考えを尊重し、あえて一致させていないことをお断りしておく。

本シリーズを通読されることにより、史上まれに見る社会変動期であった戦国時代を、総合的に理解していただければ幸いである。

二〇二〇年三月十五日

企画編集委員
池　享
久保健一郎

目　次

戦国時代とは――プロローグ

過渡期か独自の段階か

「戦国時代」と聞いて、人はまず何を思い浮かべるだろうか。長い戦乱の時代。戦国大名の国盗り。下剋上。天下人の登場。幕府・朝廷の凋落。少し穿って見ると、地域における都市・村落の勃興、産業・技術の発展等々。これらはいずれも事の一面を切り取ってみせているといえるわけで、じつに豊富な色彩を有しているといえる。

これほどのさまざまな面をもつ戦国時代であり、だからこそ人は魅力を感じるのだといえるのだが、日本史の研究史上では中世から近世への過渡期とする説も根強い。なかでももっとも戦国時代の独自性に否定的なのは、室町時代の一時期と位置づける説であろう。こうなると、そもそも「戦国時代」とは称し難く、「戦国期」といった呼称にとどまることになる（もっとも、そこまで意識しなくても「戦国期」と称される場合も少なくない）。

これに対し、戦国時代のいわば「先進性」を高く評価し、近世とほとんど変わらないとする説もある。たとえば、戦国大名の領国を「国民国家」に比すことができるとする説があり（勝俣一九九六）、こうなると近世と変わらないというよりは、近代の先取りともいえる評価である。そこまでいわないとしても、戦国時代が近世とほとんど変わらないとする場合、過渡期というよりは、中世と近世の間にあって、大きな転換をなしとげた独自の段階という積極的な位置づけがされているといえる。

こうした評価の違いは、主として権力のあり方から導き出されてきた。すなわち、先にふれた戦国大名領国が「国民国家」に比されるということや、戦国大名の検地などの政策から権力としては近世大名と同質であるとする見解などからは、戦国時代の「先進性」が指摘され、戦国大名といわれる権力は、室町幕府─守護体制の枠組みに包摂された守護に過ぎず、「戦国大名」という概念自体用いるべきでないとする見解などからは、戦国時代は中世側にとどまる過渡期とされるのである。

ただ、いずれにしても、百年以上に及ぼうという戦国時代を一括りにして過渡期だとか独自の段階だとかするのは、いささか大まかすぎるのでは？　という疑問がある。さらに、日本列島の各地域が一斉に戦国時代に突入し、同様の進展を経て近世を迎えると考えてよいのか？　という疑問もある。

時期区分と地域の個性

つまり、戦国時代を時期や地域の特徴によって区分・区別して考えたほうがよいのではないか、ということである。たしかに、子細な検討はより具体的な戦国時代のありさまをみせてくれることになるわけで、多くの研究者によって現在まで繰り返し試みられてきているところである。

もし時期的な特徴によって時期区分・時代区分が行われたり、地域の個性に注目しながら各々の戦国時代像が描かれてもなお、共通することがらがあれば、それこそ戦国時代の特質・本質といえるわけである。逆に、時期や地域によってまったく異なるありさまが浮き彫りになるばかりというようなことがあれば、「戦国時代」という括り方自体が疑わしくなってくることにもなろう。

時期区分としては、たとえば権力のあり方や戦争の特徴などに注目するものがある。権力というのは、多くは武家権力で、中央でいえば幕府が政権として衰退し、畿内政権に縮小されたことや、将軍の権力が衰え、細川京兆《けいちょう》家、ついで三好・松永氏が台頭する点などをみる。また、幕府の衰退と表裏のものとして、地域権力としての戦国大名が成立・自立すること、その戦国大名が淘汰されながら大規模領国を築いていき統一への機運が生まれること、信長・秀吉など天下人の登場でそれが実現していくことなどをみるのである。

戦争の特徴という点では、戦国大名の領国境界領域を戦場とし、領土紛争を伴う「国郡境目相論」を戦国盛期の戦争とみて、それ以前の領土紛争を伴わない戦国大名を成立させる一族抗争や大名・国人《こくじん》の紛争の段階、それ以後の天下統一に向けて領国全体が戦場となる全面戦争の段階とを画する見解（則竹二〇一〇）などがある。この戦争の特徴も戦国大名の発展段階と密接に関わっているといえよう。

さらに、時期区分は必然的に戦国時代の始めと終わりを画することになる。それはそもそも、戦国時代とは何かという問いにダイレクトにつながるであろう。たとえば、従来の応仁《おうにん》の乱を戦国時代の始まりとする説は実に根強いものがある。一般にもそう理解する人は、日本史好きかどうかにかかわらず、たいへん多いのではないだろうか。このほかにも明応《めいおう》の政変とする説、享徳《きょうとく》の乱とする説などがある。では終わりはどうかというと、秀吉の天下統一を大きな画期とする点はほぼ一致しているとみてよいと思われるが、完全に戦国時代の影響が払拭されるのをどこにするかといえば、大坂の陣(元和偃武《げんなえんぶ》)、島原《しまばら》・天草一揆《あまくさいっき》、寛文《かんぶん》年間(一六六一〜七三、幕藩制の安定)等々、さまざまといえよう。

地域の個性も現在までさまざまに言及されてきているところである。ただ、それは地域に存在する権力のあり方にほぼ置き換えられて考えられているといってよい。たとえば中央・中間地域・遠国と分けた場合、強力な戦国大名が成立した中間地域と幕府の支配が存続した中央とでは大きな差違があるとする見解は古くからあったと思われるし、印判状《いんばんじょう》を駆使する東国の戦国大名と印判状を用いない西国の戦国大名に質的違いをみる説(山室一九九一)なども出されている。強力な戦国大名が生み出されず、一向《いっこう》一揆・領主一揆など一揆による支配が存続した地域、似たようなことにはなるが中小の領主が小競り合い、ないしは共存を続けた地域もある。

本巻のねらい

本巻は、具体的には十五世紀後半における東日本の様相を描きながら、戦国時代の開幕を見とおすことを目的とする。

近年、この時期の東国を対象とし、享徳の乱をクローズアップした書が出されてきているが(則竹二〇一三、山田二〇一五、峰岸二〇一七)、本巻では東日本まで範囲を広げる。具体的な西の限界は、越《えち》後《ご》・信濃《しなの》・遠江《とおとうみ》とする。従来、享徳の乱の舞台とされた東国はほぼ関東だったから、そこから範囲を大きく広げて何かしらの特徴がみられるかどうかが一つのポイントとなろう。

十五世紀後半の東日本における戦争は、規模でいえば享徳の乱とそれに続く長享《ちょうきょう》の乱が、とりわけ大きなものである。したがって、これらが中心軸となるのは間違いないが、できるだけ「東日本」の視野を大事にしていきたい。このほか政治的事件としては、伊勢宗瑞《いせそうずい》（北条早雲《ほうじょうそううん》）の伊豆打ち入りが有名だが、他の事件もみながら、この意義を問い直していくことが重要となる。これらは、戦争・下剋上・戦国大名などをあらためて考えていくことにつながるであろう。

また、ここまで主として権力をめぐる問題を中心にみてきたが、冒頭でふれたように、戦国時代の姿は豊富な色彩に特徴がある。権力や戦争にとどまらない社会・文化のありさまを、史料は限られているけれども、できるだけ浮き彫りにしていきたい。さまざまな人びとの活発な動きこそが時代の原動力なのだ、といきなり言い切るのは安易すぎるだろうが、百姓・町人が結集して成り立つ村町制が戦国時代には権力の基盤となるという見解もあり（勝俣一九九六）、目配りをしていく必要があろう。

大略以上だが、本巻ではあらかじめいずれかの時点を「開幕」と設定しない。多くの事柄をみていった後に、では「開幕」はどこだった、もしくは、だからいまだ「開幕」していないなどを結論するようにしたい。

ではいよいよ本論に、というところだが、十五世紀後半の東日本を知るためには、それを規定することになる前史をみておかなければならない。この地域の複雑な動向を理解するために、かなり遡ったところからみていこう。

一　室町社会と鎌倉府の変動

1 室町幕府と鎌倉府の成立

陸奥将軍府と鎌倉将軍府

元弘《げんこう》三年(一三三三)後醍醐《ごだいご》天皇《てんのう》を中心とする勢力の攻撃により、鎌倉幕府は滅亡した。末期の幕府は得宗《とくそう》および御内人《みうちびと》の専制・専横が続き人心が離れており、なかば自壊したともいえる。

後醍醐は新政権を樹立し、意欲的に政治を行った。いわゆる建武新政《けんむのしんせい》である。初期には諸問題に天皇が直接命令する綸旨《りんじ》で解決が図られ、後醍醐の意欲を反映して、天皇への権力集中、独裁志向が際立っていた。

しかし、早々に後醍醐への権力集中体制は弛緩し、政権内部でも対立・抗争が目立ち始めた。これらを振り切るかのように、建武元年(一三三四)十月、後醍醐は北畠顕家《きたばたけあきいえ》を陸奥守《むつのかみ》に任じ、顕家とその父親房《ちかふさ》に義良親王《のりよししんのう》を奉じさせ、奥州に派遣した。北畠父子は陸奥国府を拠点と定め、奥州経営に乗り出したが、その組織は幕府のミニチュア版ともいえるものであった。

建武政権の地方政策は、基本的に諸国に守護・国司を併置するかたちで進められたが、さらに一段階上の支配が展開されたわけである。これは、奥州が広域であることも理由の一端であろうが、得宗領が濃密に展開していた地域であり、幕府が滅びてもその残党勢力が根強かったことが要因であろう。

後醍醐は皇子に腹心をつけて一刻も早い奥州の安定化を図ったといえるが、同時に、やはり得宗勢力が濃密であった狭義の東国（関東）に、北から睨みをきかせることも意図したのであろう。

この奥州経営の組織は、陸奥（奥州）将軍府あるいは奥州鎮守府《ちんじゅふ》などとよばれている。また、出羽《でわ》には元弘三年八月、出羽守兼秋田城介《あきたじようのすけ》として廷臣葉室光顕《はむろはるあき》が着任したが、陸奥将軍府のような整備された機構は知られておらず、光顕の権限はごく制約されたものだったという（白根二〇一五）。

さらに同年十二月、後醍醐は鎌倉に成良《なりよし》親王を派遣した。これを奉じたのは足利尊氏《あしかがたかうじ》の弟直義《ただよし》である。尊氏は鎌倉幕府滅亡の際は、六波羅探題《ろくはらたんだい》を壊滅させる功をあげたが、抜かりなく鎌倉攻撃軍にも嫡子義詮《よしあきら》を加えており、「武士の都」鎌倉にも勢力を浸透させていた。直義が成良親王を奉じたのも尊氏の要求によるものとみて間違いなかろう。

直義は成良を将軍に擬して実権をみずからが掌握し、幕府同様の組織を構築していく。これは鎌倉将軍府とよばれているが、直義の権限は北畠顕家に比べると制約されており、後醍醐の足利氏に対する警戒心がうかがわれる。鎌倉将軍府が成立すれば、陸奥将軍府による関東への睨みは御役御免になるのが筋だったはずだが、むしろその役割は重要性を増すことになったのである。

鎌倉か京か

陸奥将軍府と鎌倉将軍府の重要な課題は得宗勢力残党の掃討だったが、建武二年（一三三五）七月、鎌倉幕府滅亡時に自害した得宗北条高時《ほうじようたかとき》の遺子時行《ときゆき》が、信濃《しなの》で諏訪頼《すわより》重《しげ》らに擁立されて挙兵した。反乱軍は各地で建武政権の軍勢を破りながら東進し、足利直義は武蔵井《むさしい》

1—陸奥将軍府が置かれた多賀城跡（多賀城市提供）

2—北畠顕家画像（霊山神社所蔵）

出沢《でのさわ》(東京都町田市)で迎撃したが敗れ、成良を奉じて鎌倉を脱出した。ここに鎌倉将軍府は瓦解したのである。

三河《みかわ》まで逃れた直義は兄尊氏に援軍を要請し、尊氏は後醍醐に征夷大将軍・惣追捕使職《そうついぶしし き》を望んで認められないまま、出京した。尊氏の軍勢は直義と合流するとまず遠江《とおとうみ》で時行方の軍勢を破り、その後も連勝を続けて鎌倉を目指し、八月十九日には鎌倉を奪還した。諏訪頼重は戦死し、時行はいずこかへ落ち延びた。この一か月あまりの反乱は中先代《なかせんだい》の乱とよばれている。

鎌倉に入った尊氏は後醍醐の上洛命令にも従わず、独立の姿勢を強めた。八月二十九日に征夷大将軍を称し、翌三十日に斯波家長《しばいえなが》を奥州総大将に任じたことは、後醍醐への反抗姿勢を鮮明にしたといってよい。前述のように、征夷大将軍は尊氏が望んだにもかかわらず後醍醐が与えなかった官職であり、奥州は陸奥将軍府による経営が進められていたわけで、それを尊氏は公然と無視したからである。後醍醐は尊氏・直義の官職を剝奪する一方、北畠顕家を鎮守府将軍に任じて奥州の梃子《てこ》入れを図った。

十一月、足利方と建武政権の軍勢はついに衝突した。はじめ足利方は劣勢だったが、逆襲に転じ、十二月半ばには京を目指して西上を開始した。翌建武三年正月、京都に入った尊氏は、奥州から長駆足利方を追ってきた北畠顕家らに敗れ、九州に落ち延びたが、体勢を立て直して西国の勢力を結集し再起、六月、再度の入京に成功した。

尊氏は光明《こうみょう》天皇を擁立し、十一月には建武式目《けんむしきもく》を制定した。ここまでに室町幕府が成立したといえよう。尊氏にとって念願の武家政権の出発だったが、そこで重要な問題となったのが政権の所在地選定だった。

これについては、建武式目の第一項に詳しく述べられている。この式目は将軍尊氏の諮問に答える形式で、法令としては異例とされる。それは成立した室町幕府がいまだ不安定だったことと関連していると考えられ、式目の冒頭に、まず政権の所在地の選定が掲げられなければならなかったのも、不安定さを象徴的に示しているともいえる。

第一項は「鎌倉元のごとく柳営《りゅうえい》たるべきか、他所たるべきや否やの事」から始まっている。「柳営」とは幕府の所在地のことである。まず、「元のごとく」とある点に注目しよう。これは尊氏がみずからの政権を武家政権の再生・再来と捉えていたことを端的に示している。その意味で、「武家の都」たる鎌倉は、政権所在地の第一候補としてあげられるのが当然だった。しかし、そのうえで「他所」もまたあげられなければならなかった。

「他所」とは、京とみて間違いないところで、尊氏は幕府を鎌倉に置くか京に置くかの選択を迫られていた。それぞれを推す勢力があったことも、すでに指摘されているところである。式目は、鎌倉が源頼朝によって幕府が開かれた「吉土」であるとする。これは、多くの武士たちの思いであったと考えられ、おそらくは尊氏にとっても同様だったのではなかろうか。しかし、擁立したばかりの光明天皇や、屈服したとはいえそれが本意とはとても思えない後醍醐から遠く離れたところに幕府を置くのは、あまりに危険だった。結局、居処の興廃は政道の善悪により、人の運の吉凶は居宅の吉凶によらないとの理屈を述べたうえで、諸人が幕府を移したいならば、その「衆情」にしたがうべきか、とされている。

結論が曖昧で、これを法令といえるのかという疑義が呈されているのも無理のないところである。とはいえ、移したいならば、としているところで、実質的に移すことは決定しているであろう。鎌倉への思いはくすぶりながらも、現実的選択により、幕府は京に置かれることとなった。しかし、鎌倉が重要な「武士の都」であることは、後々に大きな影響を与えることになるのである。

初期鎌倉府

建武式目制定の翌十二月、後醍醐は吉野に脱出、南北朝内乱が始まった。尊氏はこのことを覚悟していたかのように、さまざまな策を講じていた。鎌倉は、幕府こそ置かれなかったが、一貫して重要視された地であり、尊氏が一年前に上洛した後は嫡子義詮が残り、ほどなく奥州総大将斯波家長が、鎌倉で執事《しつじ》としてこれを補佐する任についた。鎌倉府がどの時点で成立したかは難しいところだが、この頃には初期鎌倉府と呼んでいい体制であるかにみえる。鎌倉府の管国はいわゆる関八州（武蔵・相模《さがみ》・上野《こうずけ》・下野《しもつけ》・常陸《ひたち》・下総《しもうさ》・上総《かずさ》・安房《あわ》）と伊豆《いず》・甲斐《かい》の十か国が基本で、信濃が加わるなどの変動もありつつ推移した。

家長は鎌倉にいて関東の経営にあたり、奥州現地の対策は従兄弟の斯波《しば》兼頼《かねより》らにあたらせた。関東・奥州における建武政権方の切り崩し、足利方の勢力増大に努めた功は大きかったといえよう。

しかし、北畠顕家を中心とする陸奥将軍府も支配を相当に浸透させていた。尊氏離反の過程で出羽守兼秋田城介葉室光顕が足利方に殺されており、陸奥将軍府は出羽の経営にも乗り出していて、東北各地における南朝方・北朝方の対立・抗争状況は予断を許さないものがあった。このようななか、建武四年（一三三七）十二月、顕家は後醍醐の再三にわたる上洛要請を受け、奥州を発った。後醍醐が期待した顕家の軍事力はたしかなもので、上洛の途上、鎌倉で迎え撃った足利方は敗れ、斯波家長が戦死するという大打撃をこうむった。

顕家を上洛させたのは成功であったかにみえたが、翌五年五月、和泉《いずみ》国石津《いしづ》（大阪府堺市）で顕家は戦死した。斯波家長・北畠顕家という関東・東北における北朝方・南朝方の中心人物を失い、東日本の南北朝内乱は次の段階へ進むこととなった。

まず関東の状況を見ると、建武五年六月には上杉憲顕《うえすぎのりあき》が関東管領《かんとうかんれい》として鎌倉に入ったが、九月（八月二十八日暦応《りゃくおう》に改元）、奥州を目指していた北畠親房《きたばたけちかふさ》が暴風雨によって常陸に漂着、小田治久《おだはるひさ》に迎えられたことにより、情勢はにわかに緊迫した。親房は当初の目的を変更して関東における南朝勢力の増大を企てたからである。同年十二月には上杉憲顕が帰京し、翌年高師冬《こうのもろふゆ》が関東執事として関東に現れた。高一族は足利氏重代の家人《けにん》だが、当時、とくに軍事での活躍が際立っており、師冬も関東における南朝勢力鎮圧のために派遣されてきたのである。

これが、暦応三年になるとふたたび上杉憲顕が関東執事に補任され、関東執事は師冬・憲顕の二人

3—小田氏が本拠とした小田城跡（つくば市教育委員会提供）

体制になった。もっぱら師冬が軍事にあたってい たため、関東統治にあたる人材が必要とされたと みることもできるし、幕府内の高師直《こうのもろなお》派＝師冬、足利直義派＝憲顕の競合の所産とみることもできるかもしれない。

康永《こうえい》二年（一三四三）、師冬はついに常陸における北朝方の優勢を確立し、北畠親房は関東経略を断念して吉野に帰還した。これにより、関東の政治状況も安定するかにみえたが、まもなく足利方が分裂するという事態に至り、それがもたらす混乱は関東に波及していくのである。

奥州管領

目を東北に転じよう。斯波家長の戦死後、奥州総大将の地位は石塔《いしどう》義房《よしふさ》が継いだ。一方、北畠顕家の戦死後、鎮守府将軍の地位は弟の顕信《あきのぶ》が継いだ。南朝方にとって顕家が陸奥将軍府を拠点として東北に築いた勢力は、まさに頼みの綱であり、北畠親房は顕信らを伴って当初は奥州を目指し、そこからの反攻を企てていたのである。親房らは、前述のように暴風雨に遭遇して奥州上陸の目的は頓挫した。鎮守府将軍顕信は出発した伊勢《いせ》に吹き戻され、奥州入りは大幅に遅れることとなった。

この間、奥州総大将石塔義房は多賀《たが》国府にあって、北朝方の勢力拡大に邁進していた。康永元年(一三四二)、ようやく体勢を整え、国府に迫ってきた北畠顕信の軍勢を三迫《さんのはざま》(宮城県栗原市)で破ると、翌年には軍事指揮権を子息義元《よしもと》(のち義憲《よしのり》)に委ね、一段と奥州統治・経営に専念していった(白根二〇一五)。一方、奥州における南朝勢力は大きく衰退することとなったのである。

石塔父子の活躍はめざましく、功績は大きかったといわなければならないが、同時に父子が得ていった権力の強大さは幕府の警戒するところとなった。貞和《じょうわ》元年(一三四五)ついに義房は奥州総大将を罷免されるに至った。

貞和二年、奥州総大将に代わり、奥州管領が設置され、吉良貞家《きらさだいえ》・畠山国氏《はたけやまくにうじ》が着任した。いずれも足利一門で、貞家は足利直義と親密で、国氏は高師直に近かったとみられる。また、貞家は管領着任直前まで幕府中枢で活動しているのに対して、国氏は目立った活躍はない。これらのことから、奥州管領が両管領として成立したのは、派閥人事であった可能性が高いことが指摘されている(小国二〇〇二)。

奥州管領は奥州総大将よりも幅広い権限をもち、南朝勢力衰退のなか、奥州の統治・安定化を進めるために設置されたが、両管領という人事には早くから不穏な要素が含まれていたのである。

2 打ちつづく内乱

薩埵山体制

貞和五年(一三四九)、高師直派と足利直義派との抗争が勃発した。観応《かんのう》三年(一三五二)までに至る、いわゆる観応の擾乱《じょうらん》である。この足利氏の分裂が、南北朝内乱を複雑化・深刻化させるものだったのは、周知のとおりである。

関東では、まず首班の交代という大きな影響があった。すなわち、師直によって直義が政務を退くことになったため、鎌倉から尊氏の嫡子義詮が上洛することになり、九月に義詮の弟基氏《もとうじ》が十歳で鎌倉入りした。基氏を補佐する執事には高師冬が任じられた。

観応元年冬に直義の逆襲が始まり、関東でも直義派の上杉憲顕・能憲《よしのり》が行動を起こし、高師冬に対抗を企てた。十二月、師冬は基氏を擁して鎌倉を退去したが、相模国毛利荘《もうりのしょう》(神奈川県愛川町・厚木市)で基氏を奪われ、翌年正月甲斐国で敗死した。

基氏・憲顕は鎌倉に帰還し、二月には直義が摂津《せっつ》国打出浜《うちでのはま》(兵庫県芦屋市)で尊氏を破り、高師直・師泰《もろやす》兄弟が上杉能憲らに殺された。直義派の勝利でいったん事態は収束するかにみえたが、まもなく直義と義詮との間に不和が生じ、尊氏が義詮を支持したため、ふたたび分裂が起こった。

八月、直義は京を出て北陸を経由し、十一月鎌倉に入った。関東は、直義によりみずからの与党勢力が厚く存在している地域と認識されていたのであろう。十二月、直義を討つために東進してきた尊氏は、駿河《するが》国薩埵山《さったやま》（静岡市清水区）に陣を取って直義軍と激突して勝利し、直義は鎌倉に敗走した。翌観応三年正月尊氏と直義は講和し、二月、直義は急死した。毒殺ともいわれる。

直義の死によって、ほぼ観応の擾乱は収束したが、この後、尊氏はしばらく鎌倉に滞在した。尊氏自身が鎌倉に留まらなければならなかったところに、関東における政治的不安定さがうかがわれる。実際、観応の擾乱による混乱に乗じて南朝勢力も息を吹き返し、宗良《むねよし》親王を奉じた新田《にった》義宗《よしむね》・義興《よしおき》らが閏二月攻勢に出て、尊氏も一時鎌倉を退去している。その後、武蔵野《むさしの》合戦で勝利を得た尊氏は、ようやく本格的に関東の新体制づくりができることになったのである。

尊氏は、基氏を補佐する関東管領に畠山国清《はたけやまくにきよ》を据え、各国の守護からも直義派を排除した。最重要地である相模守護には平一揆《へいいっき》の中心である河越直重《かわごえなおしげ》をあて、武蔵守護は畠山国清に管領と兼任させた。また、直義派の重鎮であった上杉憲顕が任じられていた上野・越後《えちご》の守護には、薩埵山合戦において勲功第一であった宇都宮氏綱《うつのみやうじつな》をあてた。

こうして、尊氏主導で再編された鎌倉府の陣容は、薩埵山体制とよばれている。さらに、尊氏は文和《ぶんな》二年（一三五三）七月、鎌倉を離れて京に向かうにあたり、基氏を武蔵入間川陣《いるまがわのじん》（埼玉県狭山市）に移すこととした。この理由には諸説あるが、関東がいまだ不安定な政治状況だったことが要因の一つであるのは間違いなく、それはやがて薩埵山体制の解体に帰結するのである。

内乱の展開と諸地域の状況

観応の擾乱の影響は、東北にも強くもたらされた。奥州両管領の吉良貞家が直義派、畠山国氏が師直派とみられることは前述したが、観応二年（一三五一）正月、両派の軍勢が各地で衝突し、二月貞家が畠山高国《はたけやまたかくに》・国氏父子の籠もる岩切城《いわきりじょう》（宮城県仙台市）を落として畠山父子は切腹した。

この結果、奥州管領は吉良貞家が単独で担うことになったが、足利氏の分裂を衝いて南朝方が再起し、混乱は続いた。南朝方の中心は北畠顕信で、一時出羽をほぼ支配し、十一月には陸奥府中を奪取している。しかし、翌観応三年二月までに尊氏方に属した貞家は、三月府中を奪還し、以降は比較的安定して奥州支配を継続したとみられる。

文和三年（一三五四）五月頃に貞家は死去し、九月までに斯波《しば》家兼《いえかね》（斯波家長の叔父）が奥州管領として下向した。これは貞家の子満家《みついえ》と家兼とによる奥州両管領制の復活とみるのが通説だったが、家兼は貞家の後任で、奥州管領は単独制で継続したとみる説が提起されている（江田二〇〇八）。延文《えんぶん》元年（一三五六）家兼は死去して嫡子の直持《ただもち》が跡を継ぐが、同説ではさらに、貞治《じょうじ》三年（一三六四）以前出羽に入部していた直持の兄弟兼頼《かねより》が、羽州管領となったとする。つまり、奥州両管領制は、単独管領を経て奥羽両管領制となったとみるわけである。いずれにせよ、観応の擾乱後、東北の支配は斯波氏を頂点として推移していったのである。

ただ、奥州管領の系譜を引く吉良・畠山氏や、奥州総大将だった石塔氏らはしばらく影響力をもち、また、何よりも国人《こくじん》たちが台頭し、新たな秩序が形成されていった。これにより斯波氏の独走とはならず、規定されるところが大きかった。このようななか、東北は次の段階を迎えるのである。

関東には鎌倉府、東北地方には奥州管領があり、これらを軸として内乱が展開していたが、その周辺地域では、内乱の前半は宗良親王の動向が一つの焦点だった。

宗良は後醍醐の皇子の一人だが、暦応元年（一三三八）九月、北畠親房らと伊勢大湊《おおみなと》を出港して海路東国へ向かったところ難破し、遠江の井伊《いいし》氏を頼った。同三年九月、狩野介貞長《かのうすけさだなが》を頼って駿河安倍《あべ》城《じょう》に移ったが、翌年秋には駿河を離れている。この頃、駿河は足利一門の今川範国《いまがわのりくに》が守護となっており、宗良も目立った活動はできなかったのだろう。

康永三年（一三四四）宗良は信濃伊那谷《いなだに》の香坂氏《こうさかし》らに迎えられ、大河原に入っている。その後観応の擾乱を好機と捉え、観応三年挙兵した新田義宗・義興らに擁されて鎌倉に入ったのは前述したとおりである。

鎌倉退去後、宗良は越後に活動の舞台を移した。越後は建武政権成立時、新田義貞《にったよしさだ》が守護・国守となり、義貞の死後も新田一族が魚沼地方を中心に勢力を持っていた。暦応四年、尊氏の命令を受けた上杉憲顕が越後平定に成功し、康永三年、鎌倉に帰還したが、観応の擾乱で直義が死去すると越後に没落していた。

文和二年（一三五三）、宗良は新田義宗・脇屋《わきや》義治《よしはる》らとともに蜂起し、北朝方と戦った。上杉憲顕も越後・信濃で北朝方と戦うなど、復活をうかがって活動を続けた。

文和四年、宗良は諏訪《すわし》氏に迎えられて信濃に移ったが、延文年間（一三五六～六一）諏訪氏が南朝方を離れたことなどにより、しだいに苦境に追い込まれていった。観応の擾乱による混乱が収まり、北朝方が体勢を立て直してきたことが背景にあるだろう。

上杉憲顕の復帰

薩埵山体制成立後、足利基氏は入間川陣にあったが、とりあえず鎌倉府の支配は安定しているかにみえた。しかし、延文三年（一三五八）四月、足利尊氏が死去すると体制は揺らぎ始める。

尊氏の跡を継ぎ、室町幕府第二代将軍となった義詮は、畿内周辺の南朝勢力攻撃に動き出すが、延文四年、これに対し関東からは、関東管領畠山国清が主導して関東武士の軍勢が派遣されたのである（佐藤進一一九六五）。しかしこの西進は、和泉・紀伊《きい》・河内《かわち》に拠点を有していた国清には意味があったが、多くの関東武士たちには不評だった。その結果、無断で帰国する者が跡を絶たず、延文五年八月、国清も鎌倉に戻らざるをえなくなったのである（櫻井二〇一二）。

国清は帰還後、無断で帰国した関東武士たちの所領を没収していったが、当然のことながら、これは彼らの大反発を受けた。国清の罷免を求める彼らの動きに基氏も同調し、康安《こうあん》元年（一三六一）十一月、国清は分国《ぶんこく》伊豆に没落して抵抗の姿勢をみせたが、翌年追討軍の攻撃を受けて降伏した。

4—足利基氏像（瑞泉寺所蔵、鎌倉国宝館提供）

この最中、基氏は入間川陣から鎌倉に帰還した。入間川陣の在陣期間は九年に及んだが、ようやく父尊氏の命令から解放され、自立したことになる。そして、まさにそれと同時に旧直義派が復権を遂げていくことになった。

とりわけ象徴的な出来事は、貞治二年（一三六三）三月に実現した上杉憲顕の関東管領復帰である。憲顕は直義の有力与党として活躍し、それゆえに観応の擾乱後は越後に逼塞《ひっそく》することを余儀なくされていたのだが、政治的手腕を買われての復帰であった。これ以後、関東管領は上杉氏で固定されるのである。

また、鎌倉府の首長にしても、足利義詮であったり、尊氏であったりして、そのこと自体が不安定な政治状況を示していたといえるが、「鎌倉公方《かまくらくぼう》」の初代となると、一応足利基氏で一致している研究状況である。これはその後、公方が基氏の系統で継続していくことと、鎌倉府自体の一応の安定化が指標となっているであろう。その安定化もまた関東管領が上杉氏で固定されることが指標の一つであろう。

鎌倉公方足利基氏の自立と、関東管領上杉氏の固定化は、鎌倉府確立の大きな画期であったといえるのである。

公方と関東管領

上杉憲顕は関東管領に復帰しただけでなく、観応の擾乱で失っていた上野・越後の守護職をも再獲得していた。この両国は同擾乱で功績のあった宇都宮氏綱が守護職を得ていただけに、氏綱家臣の芳賀禅可《はがぜんか》が激しく抵抗し、氏綱にも動きがあったが、基氏・憲顕はその抑え込みに成功した。

貞治六年（一三六七）四月、基氏は二十八歳の若さで死去し、嫡子金王丸《こんのうまる》が跡を継いだ。第二代鎌倉公方氏満《うじみつ》である。関東管領は引き続き上杉憲顕が勤めることとなった。

翌応安《おうあん》元年（一三六八）憲顕が上洛している隙を突いて、平一揆と宇都宮氏綱が蜂起した（平一揆の乱）。だが、この蜂起は幕府・鎌倉府に反旗を翻そうとするものではなく、自分たちの復権や憲顕の排除などを望んだものとみられる。それゆえ積極的な軍事行動には出ず、平一揆は武蔵国河越館《かわごえやかた》に籠もったが、京から戻った憲顕が主導する鎌倉府の軍勢に敗れた。また、宇都宮氏綱は平一揆敗退後、下野国宇都宮城に籠城したが、やはり敗れた。この乱に連動するかたちで越後・上野国境付近で蜂起した南朝方の新田一族と脇屋義治も同様に鎮圧されている。これにより、公方と関東管領上杉氏による鎌倉府の体制は、いっそう安定したのである。

鎌倉府の安定を見届けるのを待っていたかのように、応安元年九月、上杉憲顕は死去した。その後、関東管領には憲顕の子息能憲（観応の擾乱で横死した宅間上杉重能《たくまうえすぎしげよし》の養子となっていた）と甥の朝房《ともふさ》が両管領として就任し、いよいよ公方氏満を支える体制は強固になったかにみえた。ただ、ここに一つわずかながら問題の兆しがあった。

すなわち、憲顕は直義派であったため越後に逼塞していたのを、基氏が関東管領に復帰させたもので、その意味では、関東管領は公方の忠実な配下たるべきだった。だが、憲顕もその嫡流後継者である山内上杉氏《やまのうちうえすぎし》も、幕府と鎌倉府とのパイプたろうとした。上杉氏、とくに嫡流山内上杉氏の意識としては、あくまで足利氏の家人であり、鎌倉公方のみに仕えるわけではない、というものがあったのである。これは、義詮と基氏の時期のように、幕府と鎌倉府が協調路線を歩んでいるときは問題ないが、両者が対立した場合、鎌倉府内部でも公方と管領との間で大きな矛盾が生じる可能性を示しているといえよう。

なお、信濃にいた宗良親王は、勢力を盛り返すに至らず、応安七年、ついに吉野へ没落した。永和《えいわ》四年（一三七八）上杉能憲が死去すると、関東管領は弟の憲春《のりはる》が継いだ。憲春は上杉氏においては庶流であり、この人事は自立志向を見せ始めた氏満が、自身に近い憲春を抜擢したものであるという（小国二〇〇一）。

ところが、康暦《こうりやく》元年（一三七九）三月、その憲春が自害してしまった。公方氏満が幕府に対して反逆を企てたため、諫死《かんし》したといわれる。氏満に抜擢された憲春も、氏満とともに幕府と戦うのではなく、幕府との協調を強く願ったわけである。これに心を打たれたか、憲春ですら従ってくれなかったからには反逆成功の見込みがないと思ったかは定かでないが、氏満は反逆を思いとどまり、幕府に対して申し開きするという屈辱を味わった。幕府に対する野心が挫折した氏満は、別のかたちで勢力拡大を図ることになるのである。

鎌倉府の勢力拡大

方針を転じた氏満が目をつけたのは、北関東だった。北関東は、伝統的豪族が盤踞《ばんきょ》し、鎌倉府の力が容易に及ばない地域であり、なかでも下野の小山義政《おやまよしまさ》は強力な威勢を誇っていた。氏満は、これに対して宇都宮基綱《うつのみやもとつな》を登用し、対抗させる姿勢を示した。宇都宮氏は薩埵山体制解体後、一時鎌倉府に反攻して勢力を失ったが、その後鎌倉府との関係は改善されていたのである。

康暦二年（一三八〇）五月、小山義政は宇都宮基綱を攻撃し、基綱が敗死した。公方氏満はただちに義政討伐の指令を管国に発して出撃し、八月、義政は降伏した。氏満もこれを受け容れたが、なかなか完全な帰順の姿勢をみせなかったため、永徳《えいとく》元年（一三八一）二月、再度の討伐軍が出撃した。同年十二月義政は降伏して出家したものの、翌永徳二年三月にはみたび反旗を翻し、四月、ついに自害に追い込まれた。

さらに至徳《しとく》三年（一三八六）五月、義政の子息若犬丸《わかいぬまる》が下野祇園城《ぎおんじょう》で挙兵したが、七月には敗れ、行方をくらました。翌嘉慶《かきょう》元年（一三八七）五月、常陸の小田氏が若犬丸を匿っているとの嫌疑をかけられた。鎌倉にいた小田氏の惣領孝朝《そうりょうたかとも》と二人の子息は拘束され、七月には討伐軍が出撃した。小田一族は常陸男体城《なんたいじょう》（茨城県笠間市）に籠城してよく耐えたが、翌年五月落城した。孝朝父子は許されたが、多くの所領を失うこととなった。

小山・小田両氏は伝統的豪族であるとともに、鎌倉府よりも幕府に近い存在であり、前者を滅ぼし、後者の力を大きく削減したのは、鎌倉府が北関東を実質的に支配するうえで、たいへん大きな意味のあることだった。

明徳《めいとく》三年（一三九二）正月、幕府は奥羽二国を鎌倉府の管轄と決定した。どう考えても険悪な関係である氏満のために、三代将軍義満は、なにゆえこのような大盤振る舞いをしたのか。これについては諸説あるが、氏満を懐柔して政権の安定化をはかる意味合いがあったことは否めないであろう。いずれにせよ、東北地方にとっては、ようやく築かれてきた秩序や関係を大きく攪乱する出来事だった。奥州管領と羽州管領の任にあった斯波氏はその地位を失ったとみられるが、権限を一部残していたとの説もある。実質的にもっとも深刻な影響を受けたのは、地域のなかで力を蓄え、発展を模索していた国人たちであった。この後、なお幕府への接近を図る伊達《だて》・蘆名《あしな》氏らと、鎌倉府と親密になっていく白河氏《しらかわし》らとの対立が進んでいくのである。

稲村・篠川御所と奥州探題

応永《おうえい》五年（一三九八）十一月、足利氏満が死去し、嫡子の満兼《みつかね》が鎌倉公方に就任した。幼少で公方となった父と異なり、すでに二十一歳の成人であった満兼は、早くも翌六年奥州に向けて具体的行動を起こした。それが、弟満貞《みつさだ》・満直《みつなお》の派遣で、満貞は稲村《いなむら》（福島県須賀川市）、満直は篠川《ささがわ》（福島県郡山市）に御所《ごしょ》を構えたので、それぞれ稲村御所・篠川御所（稲村公方・篠川公方とも）と称された。鎌倉府による奥羽支配強化の意思を露骨に示すものであったといえよう。

幕府はこれに対して敏感に反応した。稲村・篠川御所成立の翌応永七年、旧奥州管領斯波氏をふたたび登用し、奥州探題《おうしゅうたんだい》としたのである。前年冬の応永の乱に際して、満兼は大内義弘《おおうちよしひろ》と協調し、軍勢を武蔵府中へ進めており、このように対立的姿勢を示す満兼の行動を、見過ごすわけにはいかなかったわけである。おそらくは同時に羽州探題《うしゅうたんだい》にも旧羽州管領の斯波氏が任命されており、奥州探題斯波氏は大崎氏《おおさきし》、羽州探題斯波氏は最上氏《もがみし》となるのである。

こうして、東北地方には幕府・鎌倉府の対立を持ち込むかたちで奥州・羽州探題と稲村・篠川御所が相対することとなった。鎌倉府は両御所成立にあたり、南奥の有力国人伊達氏や白河氏に御料所《ごりょうしょ》進上を要求した。露骨な奥州への圧力強化であり、これに反発した伊達政宗《だてまさむね》は奥州探題大崎詮持《おおさきあきもち》と与同して挙兵したが敗れ、詮持は自害する始末となった。

ただ、満兼は応永の乱に乗り遅れたのがこたえたのか、以降、幕府に対抗する姿勢は影をひそめる。これにともない、稲村御所・篠川御所の影響も南奥に留まったとみられる。

幕府と鎌倉府との対立という火種を抱え、最高権威としてそれぞれ奥州・羽州探題、稲村御所・篠川御所が君臨しながらも、強力な支配を展開するには至らなかった。去就の定まらない国人たちの思惑が錯綜するなか、着々と実力を蓄えた彼らこそが東北地方各地域の主役となっていくのである。

なお、満兼が鎌倉公方だった時期、有力旧族領主である千葉・小山・佐竹・結城・宇都宮・小田・那須・長沼各氏が「関東八屋形《はちやかた》」として制度化されたとの説があり（市村一九八二）、これに対して満兼〜持氏《もちうじ》期に有力旧族領主の筆頭「外様《とざま》」七氏（千葉・佐竹・小山・結城・宇都宮・小田・那須）が定められ、三浦氏がこれに準ずるとされたとの説がある（清水二〇一五）。いずれにしても、この頃に関東の上層武家において身分秩序の固定化が図られたとみられる。

また、奥州においても探題大崎氏を頂点に、伊達・葛西《かさい》・南部氏《なんぶし》、次に留守《るす》・白河・蘆名・岩城氏《いわきし》、さらに桃生《ものう》・登米《とめ》・深谷《ふかや》・相馬《そうま》・田村《たむら》・和賀《わが》・稗貫氏《ひえぬきし》らの国人諸氏がつづけて位置づけられる秩序が形成されたという（『奥州余目記録』）。羽州でも探題最上氏を頂点とし、大宝寺《だいほうじ》・小野寺《おのでら》・安藤氏《あんどうし》らがつづく秩序が想定されている。

南北朝の動乱を経て、一応社会の安定が見とおせるようになったことにより、身分秩序の再編・固定化が図られたのである。

3　鎌倉公方の滅亡

上杉禅秀の乱

応永十六年（一四〇九）七月、足利満兼が死去した。これにともない、長らく彼を支えていた前関東管領の犬懸上杉朝宗《いぬかけうえすぎともむね》も出家している。後継の鎌倉公方には、満兼の嫡子持氏が就任し、関東管領には引き続き山内上杉憲定《のりさだ》が在任した。

上杉氏は憲顕の復帰以後、一貫して関東管領として鎌倉公方を補佐し、鎌倉府の大黒柱であったが、一族は分立し、関東管領には山内家と犬懸家が競うように就任していた。山内家は先述したように、鎌倉府と幕府とのパイプ役としてみずからを任じ、公方が幕府に反抗しようとしたときは、必ず制止・抑止に回っていた。一方の犬懸家は公方と親密であり、犬懸家の重用は、公方に必ずしも忠実ではない山内家に対抗させる意味合いがあったであろう。

ところが、持氏の公方就任後、これに変化が起きた。応永十七年〜十八年に関東管領は、山内上杉憲定から犬懸上杉氏憲《うじのり》（法名禅秀《ぜんしゅう》、以下禅秀で統一）に交代していたが、応永二十二年四月、持氏は突然禅秀の家人越幡《おばた》某の所領を没収し、怒った禅秀が関東管領職を辞したのである。

持氏が慰留すれば事態は収まったかもしれないが、それどころかただちに後任に山内上杉憲定の嫡子憲基《のりもと》が任じられた。すなわち、公方と山内家が連携し、犬懸家と対立する様相を呈したわけである。

翌応永二十三年十月、禅秀は持氏の叔父満隆《みつたか》、異母弟の持仲《もちなか》と図って蜂起した。迎撃態勢が不十分だった持氏と関東管領憲基は敗れて伊豆へ退いたが、さらに追撃を受け、持氏は駿河、憲基は越後へと落ち延びた。

結論からいえば、一時的に鎌倉を占拠した禅秀は、幕府の支持を受けた持氏・憲基の逆襲に遭い、蜂起から三か月後の応永二十四年正月、追い詰められ自害して果てることとなる。だが、この乱がもたらした影響は、鎮圧のあっけなさに比してまことに甚大なものがあった。

乱後の混迷

まず、持氏は禅秀与同勢力の徹底的な排除に動いた。禅秀自害の翌二月には、その舅である武田《たけだ》信満《のぶみつ》を滅ぼし、三月から娘婿の岩松満純《いわまつみつずみ》の討伐を開始して閏五月に処刑した。さらに、応永二十五年（一四一八）には禅秀の本国であった上総の本一揆や、常陸の小《お》栗氏《ぐりし》討伐に乗り出している。

反乱軍の討伐は、当然のことではあるから、幕府も一定程度黙認・同調していたが、戦後処理の一環である上総・常陸・甲斐の守護職をめぐって、幕府・鎌倉府の対立が露わになった。すなわち、幕府は禅秀が守護であった上総には、以前から幕府と親密で、禅秀の乱にあたっても情報伝達などで活躍した宇都宮持綱《うつのみやもちつな》を任じようとし、持氏もこれは受け容れた。だが、甲斐については幕府が武田《たけだ》信元《のぶもと》、持氏が逸見《へみ》有直《ありなお》を、常陸は幕府が山入与義《やまいりともよし》、持氏が佐竹義人《さたけよしひと》を推して譲らず、幕府が信元・与義の補《ぶ》任《にん》を強行するなか、幕府と鎌倉府との関係は悪化していった。

こうした事態に至った要因の一つは、応永二十五年正月、関東管領上杉憲基が死去したことであろう。山内上杉氏は幕府と鎌倉府との調整役を果たしてきたが、憲基には子息がなく、後継として一族の越後上杉氏から迎えられた孔雀丸《くじゃくまる》（憲実《のりざね》）はまだ九歳で、とてもそのような重責は果たせなかったのである。

甲斐では応永二十五年、武田信元が入国するが、逸見氏らの抵抗によって守護支配は安定せず、同二十八年信元は死去し、信重《のぶしげ》が幕府によって後継守護とされた。しかし、甲斐国内の混乱は続き、信重は容易に入国できず、一方で守護《しゅご》代跡部《だいあとべ》氏《し》が信重の甥伊豆千代丸《いずちよまる》を擁立するありさまだった。

常陸では応永二十八年、佐竹義人と対立する山入一揆が額田《ぬかた》城《じょう》に籠城し、翌二十九年幕府が守護に推していた山入与義が鎌倉で殺害され、これに反発した大掾《だいじょう》・真壁《まかべ》・小栗氏ら幕府と親密な「京都扶《ふ》持衆《ちしゅう》」といわれる氏族が蜂起した。同三十年、持氏みずからが出陣するなど討伐を展開し、京都扶持衆は鎮圧された。

この間、幕府も指をくわえていたわけではない。甲斐の守護には前述のように信元の後に信重を補任し、常陸の守護には与義の子祐義《すけよし》を補任した。応永三十年には信濃守護小笠原《おがさわら》氏、駿河守護今川氏、奥州探題斯波《しば》満持《みつもち》、篠川御所足利満直《あしかがみつなお》らに鎌倉府攻撃を指示している。

持氏もさすがにこれではまずいと考えたのか、山入一揆攻撃について再三にわたり弁明の使者を京に送り、さらには問題となっていた甲斐・常陸の守護について、甲斐は武田信重を認め、常陸は佐竹義人と山入祐義に半国守護《はんごくしゅご》とさせる提案をした。これによって、幕府・鎌倉府間の衝突はひとまず回避されたが、在地での混乱は容易に収まることがなかった。

禅秀の乱の背景には、犬懸家が長く公方と親密であったため、公方勢力にとって煙たい存在になっ

5—足利義教画像（妙興寺所蔵）

たとする見方があるが（小国二〇一三）、在地に根深く蓄積されていた矛盾が複雑に絡み合って公方・山内家・犬懸家などの上位権力を突き動かしたとする説も提出されている（植田二〇一八）。乱後の処置が複雑混迷をきわめたことに鑑みれば、上位権力との関係にとどまらない目配りが必要なのは確かであろう。

足利持氏の反幕姿勢

持氏は、第四代将軍義持《よしもち》の嫡子で第五代将軍となった義量《よしかず》が早世し、後継がないところに目をつけ、義持の猶子《ゆうし》になることを願い出たが、黙殺された。

この猶子について、持氏がどれだけ本気だったかはわからないが、祖父氏満や父満兼の行動からすれば、将軍への野望を抱いていても不思議ではない。

応永三十五年（一四二八）正月、義持が死去したことは、持氏にとって絶好の機会になるはずであった。しかし、義持が病に伏して死去するまでがあまりに早すぎた。持氏が策を講じる暇もなく後継者が、あろうことか、くじ引きによって決定されてしまったのである。

その後継者義円《ぎえん》（還俗《げんぞく》して義宣《よしのぶ》、のち義教《よしのり》。以下、義教で統一）と持氏との仲がうまくいくはずはなく、持氏は幕府に対する敵対的な姿勢を露わにしていくことになった。

正長《しょうちょう》元年（一四二八、応永三十五年四月二十七日改元）五月〜六月には持氏が伊勢の北畠満雅《きたばたけみつまさ》や後南朝（南朝の後継勢力）の小倉宮《おぐらのみや》（後亀山《ごかめやま》天皇の孫、のち出家して聖承《せいしょう》）と連携して上洛するとの風聞が立ち、七月称光《しょうこう》天皇が死去して後花園《ごはなぞの》天皇が擁立されると、北畠満雅が反発して挙兵するが、これに持氏も同調して上洛するとの情報も流れた。

この時は満雅の敗死により事態は収まり、持氏が実際に事を起こそうとしていたかも定かでないが、疑いを払拭するために身を慎むどころか敵対的姿勢はますますエスカレートしていった。それは、正長二年九月五日に永享《えいきょう》に改元されても新年号を用いようとしなかったこと、しばらくなりを潜めていた京都扶持衆への圧迫を再開したことなどに表れている（ただ、新年号不使用を強烈な敵対的姿勢といえるかは、やや疑問である。この点、享徳《きょうとく》の乱に関わって後述）。

だが、この頃には関東管領上杉憲実が成年に達し、鎌倉府と幕府との関係改善に奔走し始めた。永享三年（一四三一）、憲実が手配した使者が義教へ目通りがかない、鎌倉府と幕府はいったん和解したかに見えた。憲実はこれに疲弊したのか、関東管領を辞したいと述べるほどだったが、幕閣のブレイン満済《まんさい》は憲実の調整役としての手腕を高く評価している。

もっとも、持氏にしてみれば、自分を忠実に補佐すべき関東管領が、何かと幕府の肩を持って事を収めようとしているのは、少なからず不満だったであろう。それでもいったん自制したのは、北畠満雅の敗死もあり、後南朝など連携する勢力が決起する見込みが立たなかったことや、篠川御所足利満直が鎌倉公方の地位をうかがっていたことなどが要因として考えられる。鎌倉府が勢力を拡大するために派遣した篠川御所が、鎌倉府を掣肘《せいちゅう》する立場になるとは皮肉であった。

永享八年、持氏は信濃での小笠原氏と村上氏との対立に介入し、村上氏援護のために軍勢を派遣しようとした。しかし、憲実はこれを押しとどめ、いよいよ持氏と憲実との間は不穏なものとなっていった。

翌九年四月、持氏はまたも信濃派兵に動き、上杉憲直《うえすぎのりなお》を大将とする遠征軍を組織したが、これが実は憲実討伐のためだという噂が流れ、山内上杉氏の重臣である大石・長尾らが対抗するために鎌倉に集結してきて一触即発の情勢となった。

これ自体は噂に過ぎなかったようで、持氏自身が憲実のもとに出向き、異心のないことを伝え、憲実も納得していったん事は収まった。ただ、事件の後始末をめぐって両者の意見は一致せず、しこりを残したまま越年することとなった。

永享の乱

永享十年（一四三八）に至り、ついに決定的な亀裂が走った。六月の持氏嫡子の元服にあたり、憲実は先例に基づき将軍の偏諱《へんき》（実名《じつみょう》の一字）を受けるべきと主張したが、持氏はこれを容れず、足利氏嫡流の「義」字を用いて義久《よしひさ》としたのである。

憲実はこの事態を受け、元服の儀式を欠席して遺憾の意を表した。持氏・憲実両陣営の間で和解の努力は続けられたが、もはや相互の不信感は拭いきれないところまできていた。

八月、持氏が憲実を討つという風聞があり、憲実は本拠の上野に下向した。この風聞もまた事実を示していたか否かはわからないが、憲実の下向を反逆とみなした持氏は討伐軍を組織し、みずからも武蔵府中の高安寺《こうあんじ》まで動座した。

だが、関東の異変を知った幕府＝将軍義教の動きは早かった。駿河守護今川範忠《いまがわのりただ》に鎌倉攻撃を指示し、関東の武士たちにも憲実を助けるように命じたのである。九月末には今川の軍勢が相模に進攻し、形勢不利とみた持氏は鎌倉に戻ろうとしたが、幕府の憲実支持を知った武士たちは次々と離反していった。十一月一日、持氏は相模国葛原《くずはら》で山内上杉氏の重臣長尾忠政《ながおただまさ》に捕らえられ、鎌倉永安寺《ようあんじ》に入った。

憲実は、持氏の助命を願い続けたが、義教は許さなかった。この際、事あるごとに幕府に反抗する姿勢をみせてきた鎌倉公方を断絶し、鎌倉府も再編成しようと考えたのであろう。

結局、永享十一年二月、憲実は扇谷上杉持朝《おうぎがやつうえすぎもちとも》・千葉胤直《ちばたねなお》の軍勢を永安寺に派遣し、持氏は自害、近臣もすべて討死し、鎌倉に帰還していた稲村御所足利満貞も落命した。また、持氏の嫡子義久も報国寺《ほうこくじ》で自害した。

憲実としては、結果的に主君持氏を死に至らしめてしまったことが、痛恨極まりないことであった。幕府は、当面信頼する憲実に公方不在の鎌倉府を任せたかったと思われるが、憲実は出家して伊豆の国清寺《こくしょうじ》（静岡県伊豆の国市）に隠居してしまった。

ここで積極的に鎌倉府を運営し、公方派の残党に対処していく途もあったと思われるが、憲実がそれを選ぼうとした形跡はまったくない。彼の思考様式には、鎌倉府の主となるかたちの下剋上は存在しなかったし、当時の関東社会では、旧公方派はもちろん、上杉方においてもにわかにそのような事態になるのは受け入れ難かったであろう。むしろ、そのような社会状況が憲実の思考様式を規定していたと理解するほうがよいかもしれない。

ともあれ、憲実は引退を望み、弟の清方《きよかた》（「きよまさ」とも）に後事を託したが、関東管領の辞任は幕府に許されず、鎌倉には公方も管領も不在のありさまで、不安定な政治状況が続いていったのである。

結城合戦

永享十二年（一四四〇）正月、旧公方派の一色《いっしき》伊予守《いよのかみ》が鎌倉を出奔し、今泉（神奈川県海老名市）に籠もった。この決起は、たちまち長尾《ながお》憲景《のりかげ》・太田《おおた》資光《すけみつ》の軍勢により討伐されたが、三月、持氏の遺児安王丸《やすおうまる》・春王丸《はるおうまる》が常陸木所城《きどころじょう》（茨城県桜川市）で挙兵すると、旧公方派の武士たちが結集し、大事件へと発展した。

安王丸・春王丸は下総結城城《ゆうきじょう》（茨城県結城市）の結城《ゆうき》氏朝《うじとも》に迎え入れられた。結城城に集結して籠城した主な面々は、『鎌倉大草紙《かまくらおおぞうし》』によれば、「結城中務大輔《なかつかさのたいふ》（氏朝）・結城右《う》馬助《まのすけ》・同駿河守・同七郎・同次郎・今川式部丞《しきぶのじょう》・木戸左近将監《さこんのしょうげん》・宇都宮伊予守・小山大膳大夫《だいぜんだいぶ》・子息九郎・桃井刑部大輔《ぎょうぶのたいふ》・

同修理亮《しゅりのすけ》・同和泉守・同左京亮《さきょうのすけ》・里見修理亮・一色伊予六郎・小山大膳大夫の舎弟生源寺《しょうげんじ》・寺岡左近将監・内田信濃守・小笠原但馬守《たじまのかみ》」らであった。

旧公方派で、永享の乱の際、幕府が憲実支持にまわったため、持氏についていききれなかった武士たちも多く含まれていると考えられるが、それがここで安王丸・春王丸の下に馳せ参じたのはなぜか。結局、旧公方派としては在地の対抗勢力や人びとの支持を得られなくなってしまったからではないか。そこから突破口を見出すための行動だったとすれば、見込みはまたも外れた。幕府がいち早く上杉氏を支持したからである。見込みが外れたといえば、南奥にあり、鎌倉公方の地位を熱望し、さまざま画策していた篠川御所足利満直が、結城方として蜂起した石河持光《いしかわもちみつ》らに攻撃され、六月に自害に追い込まれている。

鎌倉にいた上杉清方と、上杉一族の重鎮だった扇谷上杉持朝とが対策を立て、まず山内上杉氏の重臣である長尾《ながお》景仲《かげなか》が出陣し、清方・持朝も続き、七月、上杉清方を大将とする軍勢が結城城を包囲した。八月には憲実も下野祇園城に入った。幕府の指令によって各地の大名・領主が合流した大軍勢であり、安王丸・春王丸らは正面衝突を避けざるをえず、籠城戦を選択することになったと考えられる。

たしかに結城城は堅固な要塞であり、攻城軍もなかなか戦果をあげられずにいた。あまりの進展のなさに、将軍義教は軍奉行《いくさぶぎょう》仙波《せんば》常陸介《ひたちのすけ》を通じて状況を報告させている。それによれば、結城城の堅固さのほか、主筋にあたる安王丸・春王丸の存在、本国・本領への憂慮などが示されていた。攻城軍の

本国・本領で与党勢力が蜂起すること、それを恐れて攻城軍から離脱者が続出して自壊することが、結城方にとって頼みの綱だったであろう。実際、離脱者は現れていたのであり、戦力上圧倒的優位に立っていた攻城軍も、あまりの長期戦は避けなければならなかった。

永享十三年正月、ついに攻城軍は結城城への直接攻撃を仕掛けた。その後の動静はわからないところも多いが、四月（二月十七日嘉吉《かきつ》に改元）には総攻撃が行われ、四月十六日、結城城は落城した。安王丸・春王丸は捕らえられ、結城氏朝は自害した。多くの武将・城兵も討ち取られた。安王丸・春王丸は京に護送されることとなったが、途中の美濃垂井宿《みのたるいしゅく》（岐阜県垂井町）で、将軍義教の命により斬られた。幕府への反抗を許さない、断固たる態度を示したものであろう。

6—『結城戦場物語絵巻』第４巻　春王丸・安王丸の最期（栃木県立博物館所蔵）

鎌倉幕府の滅亡後、建武政権によって、東北には陸奥将軍府、関東には鎌倉将軍府が置かれた。建武政権の瓦解後、幕府を京・鎌倉いずれに置くかが重要な問題になり、結局京都に決定したが、鎌倉は重要な地と認識されており、鎌倉府が置かれることとなった。

鎌倉府包囲網の形成

ところが、鎌倉府、とくにその長である鎌倉公方は、しだいに幕府に対抗・反抗する姿勢を強めていった。十五世紀前半は、幕府が危険要素である鎌倉府をいかに抑えこむか、その体制づくりに腐心した時期であったということができる。

具体的に幕府が取った方策は、鎌倉府管轄の周囲にある諸国を、鎌倉府に対する「包囲網」とすることだった。以前から越後・信濃・駿河は鎌倉府管国との「国界」として重視されており（佐藤博信一九八九b、佐藤進一一九九〇、山家二〇〇四）、それがさらに推し進められていったわけである。

なかでも重要な役割を果たしたのは、越後と駿河だった。越後守護は上杉憲顕の末子憲栄《のりよし》が就任した後、憲栄の後継には憲顕の嫡流である山内家から房方《ふさかた》（「ふさまさ」とも）が入った。逆に山内上杉憲基の後継には房方の子である憲実が入るなど、越後守護・山内両上杉家は相互補完ともいえる強固な連携体制を構築した。

駿河は今川氏が守護として続き、遠江守護も併せていたが、十五世紀初頭に今川了俊《いまがわりょうしゅん》が失脚して遠江守護職は幕府管領家斯波氏に移った。このことは後々まで影響を及ぼすが、駿河守護今川氏の重要性は変わらず、範政《のりまさ》は禅秀の乱で幕府方として活躍し、永享四年（一四三二）には富士遊覧と称して下向してきた将軍義教を供応している。範政の跡を継いだ範忠は永享の乱・結城合戦で関東に出陣して活躍した。

越後・駿河と比較すると、信濃は守護小笠原氏の権力が脆弱、いいかえれば村上・高梨・大井・諏訪等々の国人が強力で、前述したように鎌倉府からの干渉もしばしば受け、不安定な状態が続いた。

目を北に転じると、陸奥には奥州探題大崎氏、出羽には羽州探題最上氏があり、それぞれを頂点とした秩序が形成されていたことは前述の通りである。両探題ともに、稲村・篠川御所に対抗するために幕府が設置したところから考えても、陸奥・出羽が包囲網の一角にされていたことは間違いなかろ

7―今川氏略系図

範政―┬―範忠―義忠―氏親
　　　└―範頼―範満

う。

外縁と変容する包囲網

ところで、鎌倉幕府から蝦夷管領《えぞかんれい》とされ、蝦夷島・北奥羽に大きな影響を及ぼしていた安藤氏は、引き続き室町時代にも津軽を本拠とし、一族を秋田湊に置いて湊安藤氏を成立させた。室町幕府は安藤氏を北方政策のなかに位置づけていたとされるが、軍事動員まで期待していたようにはみえない。蝦夷島は包囲網の「外縁」とすることができよう。

なお、十五世紀に明《みん》は帝国東北方への支配を強化し、サハリンアイヌが明との朝貢関係に組み込まれている。このサハリンアイヌと蝦夷島のアイヌとの交流や、その和人との交易に及ぼす影響なども、北方アジア史との関連から、今後明らかにされるべき課題である。

鎌倉府と幕府との緊張感が高まると、包囲網の役割も重要性を増していき、地域によって偏差はあるものの、東日本における鎌倉府―包囲網―外縁という構造は、基本的に維持されていた。

ただ、東北には変化がみられる。もっとも顕著な事態は、南奥で軍事指揮権が奥州探題から、篠川御所へ移行したことである。

前述したように、篠川御所足利満直は、鎌倉公方足利満兼によって鎌倉府の南奥支配強化のために派遣されたが、かえって幕府と接近し、鎌倉公方の地位をうかがうようになっていた。

幕府はこの満直に南奥における軍事指揮権を与え、南奥は軍事指揮権が奥州探題から独立したのである。これは、南奥の地理的条件から、関東で異変が起きた場合、緊急の軍事対応を幕府から期待されたからである。逆にいえば、中奥・北奥は相対的に期待されていないことも意味していよう。

篠川御所の滅亡後、南奥の軍事指揮権は幕府と厚い関係を築いていた白河氏に委ねられ、このかたちは維持された。北奥も禅秀の乱の際、南部氏が参陣した形跡があり、一応包囲網として機能していたようだが、しだいにその役割は風化していき、事実上外縁と変わらなくなったと思われる。出羽も同様であろう。

永享の乱で鎌倉公方が滅亡したことにより、鎌倉府は義教主導で文字通りの幕府出先機関とされ、包囲網も不必要になるかと思われたが、結城合戦収束からわずか二か月後の嘉吉元年（一四四一）六月二十四日、前代未聞の大事件が起き、情勢は混沌とする。将軍義教が、有力守護の一人赤松満祐《あかまつみつすけ》によって暗殺されてしまったのである。

二　享徳の乱

1　鎌倉府の再編

関東管領上杉憲忠

専制化を強めていた将軍足利義教《あしかがよしのり》の死は、あまりにも衝撃的であった。経緯はともあれ、鎌倉公方《かまくらくぼう》足利持氏《もちうじ》とその嫡子義久《よしひさ》を永享《えいきょう》の乱で死に追いやり、結城《ゆうき》合戦《かっせん》でも持氏子息の安王丸《やすおうまる》・春王丸《はるおうまる》の命を奪った義教は、そのうえでみずからの子息を鎌倉公方とする計画だったといわれる。関東足利氏は断絶寸前に至ったわけだが、義教の死により、計画も立ち消えとなった。

その意味でいえば、この大事件は、鎌倉府《かまくらふ》のとくに公方派にとっては思わぬ「朗報」ともいえるものであった。義教は上杉憲実《うえすぎのりざね》を信頼し、関東管領《かんとうかんれい》に慰留していたから、子息を鎌倉公方に据えたとしても鎌倉府の徹底的な改編は行わず、憲実に補佐させて旧体制をある程度維持したであろうが、それにしても公方派が排除されることは十分に予想された。

しかし、義教死後の幕府は幼少の将軍義勝《よしかつ》のもと運営を図らなければならず、管領細川持之《ほそかわもちゆき》以下の幕閣は、関東に関わっている場合ではないというのが本音だった。そのため、持氏の遺児を捜し、憲実には引き続き関東管領を勤めるように要請した。つまり、鎌倉府を旧来の体制に再編しようとしたわけである。

こうした情勢を受け、信濃《しなの》の大井氏のもとに匿われていた持氏の遺児万寿王丸《まんじゅおうまる》が、嘉吉《かきつ》元年（一四四一）末頃から鎌倉帰還を画策し始めた。これで憲実が素直に関東管領として新公方の迎え入れ態勢を整えてくれれば、幕府としても一安心だったが、憲実の引退意志はきわめて固かった。弟の清方《きよかた》に山内上杉《やまのうちうえすぎ》の家督を譲り、自身の子息たちも次男の龍春以外はみな出家させるつもりで、龍春にも京都で将軍に奉公するように命じた。自身の血筋が関東管領職に就く道を断とうとしたわけで、持氏を結果的に助命できなかったことが、憲実にとっていかに痛恨の極みであったかが知られよう。

ところが、山内上杉氏を継いでいた清方もしばらく後に死去してしまった。死因は不明だが、兄憲実と同様に悩み抜き、ついに自殺した可能性を指摘する説もある（山田二〇一五）。このままでは、山内上杉氏は断絶し、関東管領職が宙に浮いてしまう事態となったが、上杉氏家中から動きが起きた。すなわち、山内上杉氏家宰《かさい》の長尾景仲《ながおかげなか》（昌賢《しょうけん》）らが、憲実の長男龍忠を山内上杉氏の家督に据えようとしたのである。これは憲実の意思にまったく反することであったから、憲実は龍忠を義絶したが、景仲らはあくまで龍忠を推し、憲実を関東管領に復帰させようと画策していた幕府も、龍忠が後継者となることを認めるに至り、龍忠は憲忠《のりただ》と名乗って山内上杉氏家督の地位についた。

それでも憲実は、憲忠の家督を認めず、養父憲基《のりもと》の弟の子である佐竹実定《さたけさねさだ》を家督にしようとした形跡がある。だがそれは失敗に終わり、憲忠は、文安《ぶんあん》五年（一四四八）十一月までには関東管領としての活動を開始した。もはや関東近辺には居場所もないと感じたのか、憲実は西国行脚《さいごくあんぎゃ》に旅立った。しかし、複雑な政治情勢は、いま一度憲実の名を呼び起こすことになるのである。

足利成氏の帰還

一方、鎌倉への帰還を目指した万寿王丸は、やや手間取っていたようである。これは上杉氏らの受け入れ態勢がなかなか整わなかったことのほか、万寿王丸のほかにも持氏遺児はおり、鎌倉公方として万寿王丸が唯一の候補者ではなかったことなどが影響していたのであろう。

文安四年（一四四七）八月二十七日、万寿王丸はようやく鎌倉帰還を果たした。宝徳《ほうとく》元年（一四四九）には将軍義成《よししげ》（のちの義政《よしまさ》）から偏諱《へんき》（実名《じつみょう》の一字）を受けて成氏《しげうじ》と名乗り、さらには従五位下左馬《さまの》頭《かみ》の位官を与えられ、新鎌倉公方として確固たる位置を得ることとなった。

鎌倉公方の復活は、逼塞《ひっそく》を余儀なくされていた公方派の人びとにとって、この上ない復権の機会だった。象徴的なのは、結城合戦で安王丸・春王丸を擁立したため自害に追い込まれた結城《ゆうき》氏朝《うじとも》の末子七郎が、結城氏当主とされ、成氏の偏諱を受けて成朝《しげとも》と名乗り、鎌倉府への出仕を望んだことであろう。ところが、この一件は再出発した鎌倉府に潜む問題をはしなくも明らかにすることとなった。

すなわち、結城成朝・結城氏家中は赦免の願を幕府に届け出、幕府もそれを可として、成朝の赦免と鎌倉府への出仕を認める文書を関東管領上杉憲忠へ送った。ところが、この文書は憲忠のもとで数か月も未開封のまま放置されたのである。

これについては、結城氏朝を死に追いやった上杉方としては結城氏の復権に気が進まず、時間稼ぎをした可能性も示唆されており（山田二〇一五）、おそらくそのような事情があったであろう。また、中心となって動いていたのは家宰の長尾景仲だったという指摘も多くされており、これも首肯されるところと考える。

鎌倉府が再出発したといっても、公方派を駆逐することによって勢力を伸ばした上杉方と、上杉方に奪われた所領や利権を回復しようとする公方派との間には如何ともしがたい溝があった。もちろん、実利的な問題のほかにも心情的な恨みつらみがあったであろう。『鎌倉大草紙《かまくらおおぞうし》』に「出頭のともがらいづれも上杉安房守《あわのかみ》に被亡《ほろぼされ》ける子孫なれば、おりにふれ笑中に刃をとぐ心持してあやうき事どもおほかりけり（成氏に出仕し復権した人びとは、みな上杉憲実に滅ぼされた人びとの子孫であるので、しばしば表向きは笑顔でも心の中では刃を研ぐような具合で、危険なことが多いありさまだった）」とあるのは、事実を的確に示しているといってよいと考えるのである。

長尾景仲と太田道真

対立をくすぶらせる上杉方と公方派であったが、上杉方といいつつも、上杉憲忠の主導性はいまひとつみえてこない。

これはつまるところ、当時の山内上杉氏を実際に動かしていたのが、当主である憲忠というよりは、家宰の長尾景仲だったことによるのであろう。景仲は前述したように、主人である上杉憲実の意思に反してまで憲忠を山内上杉氏の家督に据えた中心人物である。室町中期に至れば、武家の家中では家宰が勢力を伸ばしていることがしばしばみられ、管領家である斯波《しば》氏における甲斐常治《かいじょうち》などは、京で

8―長尾景仲像（双林寺所蔵、群馬県教育委員会提供）

は相当な「顔」であり、勢威を振るっていたことが知られている。

　山内上杉氏においても、そのような状況が進んでいたわけであるが、ここでもう一人の人物に注目しておこう。扇谷上杉氏《おうぎがやつうえすぎし》の家宰太田《おおた》道真《どうしん》（資清《すけきよ》）である。そもそも扇谷上杉氏は、山内上杉氏と犬懸上杉氏《いぬかけうえすぎし》とが競合していた頃にはそれほど目立っていたわけではなかったが、山内上杉氏が憲実の隠遁志向によって安定した影響力を行使できないでいるうちに、上杉一族の長老格として、持朝《もちとも》が台頭してきた。

　その持朝も、成氏の公方就任を機に子息の顕房《あきふさ》に家督を譲って隠居し、顕房も若年だったため、家宰である道真が「政務に替りて諸事を下知しける」事態となったという（『鎌倉大草紙』）。扇谷上杉氏の実権を握ることとなった要因が、すべて顕房の若さに帰するかどうかは考える余地があるだろうが、かねてから積み重ねていた実績に加え、当主代替わりが契機となったのは間違いない。こうした点、山内上杉氏における長尾景仲と同様であるといえよう。

　この道真の嫡子こそが有名な太田《おおた》道灌《どうかん》だが、道灌の活躍の前提として、道真の台頭・活躍があったことに留意しておくべきであろう。

このように、関東における「上杉方」の実権は、山内上杉氏家宰長尾景仲と、扇谷上杉氏家宰太田道真とによって握られていたわけである。この点、一種の「下剋上」と評することも可能だが、両者とも主人を倒してみずからがその地位に就こうとした様子はない。あくまでも、家宰として活動を続けたのである。

9—江の島遠景

江の島合戦　宝徳二年（一四五〇）四月二十日夜、足利成氏は鎌倉を出て江の島（神奈川県藤沢市）に入った。突然のこの動座は、長尾景仲・太田道真が成氏を攻撃しようとしていることを察知してのものだった。

案の定、翌二十一日、長尾・太田らの軍勢が腰越浦《こしごえうら》（同鎌倉市）まで押し寄せてきた。ここでの戦いで、公方側は小山《おやま》持政《もちまさ》の家人《けにん》数名が討ち死にを遂げている。その後、戦いの場は由比浜《ゆいがはま》（同鎌倉市）に移り、公方側は千葉《ちば》胤将《たねまさ》・小田《おだ》持家《もちいえ》・宇都宮《うつのみや》等綱《ともつな》らの軍勢が奮戦し、上杉方を打ち破った。長尾・太田らは相模《さがみ》国糟屋荘《かすやのしょう》（同伊勢原市）に逃走し、扇谷上杉持朝・顕房父子は七沢山（同厚木市）に立て籠もった。

軍事的に勝利を得た成氏だったが、長尾・太田、扇谷上杉父子がなお完全に屈服しない状況で、これをどう収束させるか、落としどころをどこに求めるかが問題だった。

まず、成氏は五月十二日付で幕府管領畠山持国《はたけやまもちくに》に充てて書状を発した。ここで成氏は合戦の経過とともに、さまざまなことを述べているが、整理すると次のごとくである。

①山内上杉憲忠と扇谷上杉持朝・顕房父子は赦免する。②長尾景仲・太田道真は誅伐を加える。③戦功をあげた者に幕府から御感の御教書《みぎょうしょ》を与えてほしい。④関東諸侍や武州《ぶしゅう》・上州《じょうしゅう》一揆《いっき》に幕府から忠節をはたらくように御教書を与えてほしい。⑤勝長寿院《しょうちょうじゅいん》門主（成潤《せいじゅん》）と（鶴岡八幡宮《つるがおかはちまんぐう》）若宮社務（定《じょう》尊《そん》）を帰らせてほしい。⑥幕府に対していっさい異心はない。⑦上杉憲実を帰参させてほしい。

①②はセットになっている。成氏の認識として、今回の騒動はあくまで長尾・太田が主導したものであり、主人の憲忠や持朝・顕房はそれに引きずられただけとみたわけである。ただ、ここには⑥も関連してくることが考えられる。すなわち、関東管領である憲忠や上杉一族重鎮の持朝父子を討つ事態となれば、それは幕府の許容を超える重大事とみなされる危険性が高いということである。成氏としては、父持氏が滅びた契機が関東管領憲実を誅伐しようとしたところにあった記憶が、想起されざるをえなかったのではないか。

③はこのたび味方になり戦功をあげた者に、成氏の味方になることは幕府の味方になることだという意識をうえつけるための措置であろう。それは、合戦後の状況がいまだ流動的であり、味方をしっかりと引きつけておく必要があったことも示しているといえる。

④も同様の文脈で捉えることができるが、「武州・上州一揆」には注目される。すなわち、武州一揆・上州一揆などに結集する中小領主は、従来上杉氏の勢力基盤として知られているわけであり、幕府を背景とした彼らへの忠節の働きかけは、このたびの味方を越えた勢力の結集を図っているものとみられよう。

⑤は、背景がよくわからないが、ともに成氏の兄弟である成潤・定尊を一所にいさせることにより、敵方に擁立されるのを防いだとする説もある(駒見二〇一八)。

⑥は前述したが、このたびの騒動により幕府を敵に回して永享の乱の二の舞となってしまうことは、成氏がもっとも恐れていたところであろう。まずもって幕府に理解してほしい点を示しているといえよう。

また、ある意味際立つのは、⑦である。それはなぜか。

成氏と上杉憲実

成氏にとって憲実は父持氏の仇ともいえる存在だったはずだが、その人物を鎌倉府に帰参させてほしいという。憲実の政治的手腕をそこまで信頼していたということなのか。しかし、憲実が表舞台で活躍していたのは、成氏がまだ幼少以前の時期である。直接その手腕をみていたわけではない。とすれば、いよいよ成氏の記憶に残るのは、父持氏に死をもたらした人物ということだと思われる。

実際、憲実は成氏の鎌倉帰還にあたり、「御父持氏兄弟御兄三人まで憲実が為にうせ給ひし事、さだめて恨めしく思召」と考えて伊豆《いず》国へ落ち延びたという（『鎌倉大草紙』）。成氏の恨みに恐れをなして伊豆へ落ち延びたとまでするのはどうかと思われるが、恨みを恐れること自体はごく自然な感情であり、逆に成氏が恨みを持つのも同様であろう。

だが、先の畠山持国充ての書状には、成氏が江の島合戦勃発以前に憲実と相談していたことが記されている。してみれば、成氏は長尾・太田の動きを警戒し、それを抑える存在として憲実に期待しており、合戦後の帰参要請もその延長と考えられることになる。成氏が扇谷上杉持朝・顕房父子を赦免するにあたり、憲実の弟重方《しげかた》が活躍したのも、憲実と重方が一体となっての行動だったとする見解もあり（駒見二〇一八）、だとすればいよいよその感が深くなる。

ただ、憲実は山内上杉氏の家督相続につき、自分の子息たちを外し、関東管領就任への道も断とうとしたのに対し、家宰の長尾景仲らが龍忠（憲忠）を擁立するのを制止することができなかったわけで、それを考えれば、いまさら長尾・太田を抑えるのに期待するものか疑問が残る。

このほか、やや消極的な理由としては、憲実が幕閣の信頼を強く受けていたことがあげられよう。すなわち、幕閣の信頼が篤い憲実の帰参により、間接的にその歓心を買い、異心のないところを示すということである。

いずれにせよ、憲実は成氏の帰還後、ほとんど隠遁状態だったわけであり、その実像を知らない成氏が彼の帰参を強く望むには、憲実の活躍を知る成氏近臣層の働きかけが推測されるが、確実なところは不明である。

不穏な形勢

成氏の書状に対し、幕府はどのように反応しただろうか。成氏の書状を受けた管領畠山持国は、五月二十七日付で、奉書《ほうしょ》や書状を発している。それらの内容は、「関東奉公方面々中」「武州上州白旗一揆中《しらはたいっき》」は不忠なく励むこと、長尾・太田の「隠遁」について承ったこと、憲実帰参や合戦の忠否について幕府御教書が発給されたこと、山内上杉憲忠や扇谷上杉持朝・顕房父子を帰参させること、成潤・定尊は一所にいるのがよろしいことなどが示されている。これらはおおむね成氏の書状で述べられていることを是認する内容となっていることがわかるであろう。

成氏としては、幕府の支持を得られて一安心というところだっただろう。成氏は八月に鎌倉に帰座するが、そこで寺社徳政を発令した。寺社に対する有徳人《うとくにん》（富裕者。多くは商人）の債権を破棄しようとしたものだが、これは山内上杉氏と有徳人との連携に打撃を与えようとした政策との評価がある（則竹二〇一三）。だとすれば、さらに上杉方の力を削減しようとしてのことだっただろうが、事態はなかなか思い通りには進まなかった。

まず、憲実の帰参だが、再度の幕府御教書に加え、綸旨《りんじ》も発給されて促されたが、肝心の憲実は頑なに応じなかった。結局憲実は漂泊の末、長門国《ながと》大寧寺《たいねいじ》（山口県長門市）に住し、文正元年《ぶんしょう》（一四六六）そこで死去する。引退を望んでいたとはいえ、その活躍に比して寂しい最期だったといえるが、ともあれ、この時点での憲実の断固たる帰参拒否は、それを切望していた幕閣や成氏にとっては痛手だっ

10—上杉憲実墓（山口県長門市大寧寺、植田真平撮影）

た。

さらに大きな問題だったのは、成氏が江の島合戦の主犯と考え、厳罰を望んでいた長尾景仲・太田道真に対し、何らの処罰も下されなかったことである。幕府からは長尾・太田の処分は事実上任されたわけだから、いかようにも処罰できそうなものだったが、そうはならなかった。理由はもちろん上杉方が処罰に同意しなかったからだろうが、成氏としてそれを押し切ることができなかったのは、合戦でひとたびの勝利を得たとはいえ、情勢がけっして楽観を許さぬものだったからであろう。

それを表す出来事として所領紛争の続発がある。これらは成氏側近と上杉方との争いとみられ（駒見二〇一八）、江の島合戦の勝利で勢いを得た公方派が、永享の乱・結城合戦などで失っていた所領を実力で回復しようとしたものと考えられる。

ただ、こうした状況下にもかかわらず、関東管領憲忠の発給文書はみられない。これが何を意味するかは不明だが、憲忠の影響力の低下は想定され、成氏や公方派の人びとにとっては望むところだったであろう。

ところが、享徳《きようとく》二年（一四五三）、成氏にとって思わぬ連絡がもたらされた。その主は前年畠山持国から交代して幕府管領となった細川勝元《ほそかわかつもと》で、次のようなことを提示してきた。すなわち、今後憲忠の取り次ぎがない限り、関東から幕府への連絡は受けつけないという。この背景には、もちろん、親公方派であった持国から、上杉寄りの勝元への管領交代があったと考えられる。

長尾・太田は権力の座に居座り続け、所領紛争は頻発しているうえに、憲忠を通さなければ、幕府との意思疎通もままならなくなってしまったわけで、これでは江の島合戦以前に逆戻りどころか、かえって悪化したように、成氏や公方派の人びとは感じたであろう。

公方派と上杉方との対立は解消せず、公方派の不満は次第に拡大し、不穏な形勢は深刻さを増していくこととなったのである。

2 大乱勃発

上杉憲忠誅殺

享徳三年（一四五四）十二月二十七日、足利成氏は上杉憲忠を鎌倉西御門の自邸に招き、誅殺した。『鎌倉大草紙』には公方派の軍兵が憲忠邸を襲撃したとあるが、史料として信頼度の高い『康富記《やすとみき》』の記述から、成氏が自邸に招いて誅殺したとするのが正しい（峰岸二〇一七）。誅殺の中心となったのは結城成朝・武田信長《たけだのぶなが》・里見義実《さとみよしざね》・印東式部少輔《いんとうしきぶのしょう》らで、憲忠を討ち取ったのは成朝家臣の金子祥永・祥賀兄弟とされる。

この事件の直接の契機には、またも長尾景仲・太田道真が関わっていた。すなわち、長尾・太田がひそかに上野《こうずけ》に下って一族を集結し、種々計略を廻らしていたところ、それを察知した公方派の人びとが成氏に憲忠退治を勧め、成氏もそれを承諾したのだという。

不穏な形勢のなかで長尾・太田が公方派を刺激したため、一挙に火がついた格好で、それなりに理解できそうであるが、ここには大きな疑問も残る。そもそも、成氏としては上杉方でもっとも憎むべきは長尾・太田だったはずで、江の島合戦では問題なしとしていた憲忠をいきなり誅殺したのはなぜか、ということである。

これには、関東管領として上杉方の長であったからとの回答がただちにありそうだが、上杉氏の家人である長尾・太田を誅伐するならばともかく、関東管領に手を出せば幕府が黙っていないのは、永享の乱の先例を想起すれば明らかだったはずである。その危険を冒してまで誅殺しなければならないほど、憲忠の存在感・影響力が大きかったとは思われない。

実際、成氏は康正《こうしょう》二年（一四五六）四月になって幕府管領細川勝元に対し、憲忠誅殺について弁明し正当性を主張しているが、その冒頭で、「何度も連絡しているが返事がないので重ねて連絡する」と述べており、おそらく憲忠誅殺の直後から幕府への弁明を何度も試みていたと思われる。

幕府と事を構えるのは何とか避けたいと考えていたのに、憲忠を誅殺してしまったのは、理解に苦しむところである。真相は不明だが、公方派の人びとが、まず成氏に憲忠退治を勧め、成氏が承諾した、というところから考えると、公方派の中の急進勢力に押し切られるかたちで憲忠誅殺に至ったことは、さしあたり想定できるであろう。

上杉氏家中で長尾・太田ら家宰が台頭し、権勢を振るうようになったのは、先にみたとおりだが、公方権力においても、公方成氏が独裁的権力を保持していたわけではなく、近臣らが公方を支え、大きな発言権を有していたと考えられる。

ともあれ、憲忠誅殺に端を発し、関東は公方方と上杉方の長い抗争に巻き込まれるわけであり、これを享徳の乱と称するのである。

古河公方の成立

享徳四年（一四五五）正月五日、成氏は上杉方を追撃すべく鎌倉を出陣するにあたり、烏森稲荷神社《からすもりいなり》（東京都港区）に願文《がんもん》を捧げ、さらに各地の武士に軍勢動員を行った。成氏は武蔵府中《むさしふちゅう》の高安寺《こうあんじ》（同府中市）に陣営を構えたが、その一方で相模島河原（神奈川県平塚市）に扇谷上杉持朝・太田道真らが軍勢を集結させている情報を得、武田右馬助《うまのすけ》（信長）・一色宮内大《いっしきくないのたい》輔《ふ》らを差し向けた。数の上では上杉方が優位だったが、奇襲攻撃により公方方が大勝し、上杉方は上野・武蔵河越（埼玉県川越市）に敗走した。

高安寺の成氏に対しては、犬懸上杉憲顕《いぬかけうえすぎのりあき》・扇谷上杉顕房・長尾景仲・武州一揆・上州一揆など、数万の軍勢が向かってきた。戦闘は府中周辺の高幡《たかはた》・分倍河原《ぶばいがわら》などで、正月二十一・二十二日に行われ、大激戦の末、上杉方は犬懸上杉憲顕・扇谷上杉顕房が戦死し、公方方でも石堂《いしどう》・一色・里見・世良田《せらだ》など多くの武将が戦死したが、勝利は公方方に帰した。なお、扇谷上杉氏は当主顕房の戦死によって、隠居の持朝が事実上の当主として復帰することとなった。

敗走した上杉方は、長尾景仲がとりまとめ、やがて常陸小栗城《ひたちおぐりじょう》（茨城県筑西市）に立て籠もった。これを追撃する成氏は、二月十八日には武蔵村岡（埼玉県熊谷市）に在陣していたことが確認され、さらに三月三日には下総古河《しもうさこが》（茨城県古河市）に着陣した。

ここから成氏は小栗城攻撃を進めるが、上杉方の抵抗はなかなか頑強で、五月中旬になってやっと落城させた。この後、上杉方は下野天命《しもつけてんみょう》（栃木県佐野市）・只木山《ただきやま》（同足利市）に移って抵抗を続けたが、十二月に両所とも陥落した。

このように、享徳の乱の序盤は公方方の優勢で推移した。ただ、小栗城や天命・只木山の攻略にはかなりの時間を費やしてしまっており、その経過のうちに古河が成氏の拠点として定着していったとみなされる。

古河は公方御料所下河辺荘《ごりょうしょしもこうべのしょう》内で、しかも古河郷は成氏直臣野田持忠《のだもちただ》が領有していた。また、このほかにも直臣で水海《みずうみ》（茨城県古河市）・関宿《せきやど》（千葉県野田市）などを支配する簗田氏《やなだし》、騎西《きさい》（埼玉県加須市《かぞ》）を支配する佐々木氏らの拠点、成氏を支持する豪族領主小山氏や結城氏の本拠がほど近かった。さらには、渡良瀬川・利根川につながる水運と、これらによる防御機能にも優れているなど、本拠とする

11—古河公方館跡（古河歴史博物館提供）

ための好条件が揃っていたことが指摘されている。

ただ、明確にいつから古河が本拠となったとするのは難しく、前述したように長期の戦いの中で拠点として定着し、鎌倉帰還を断念した段階で確定したということになろう。したがって、古河公方の成立も同様となるだろうが、それでは鎌倉帰還断念はどの時点と考えられるか。これは、戦いが長引いた要因と関わることになる。

幕府の対応　公方方も上杉方も享徳の乱勃発後、自己の正当性を幕府に対して主張したと思われる。いうまでもなく、幕府を味方につけることができれば大きく有利になるからだが、幕府は成氏の憲忠誅殺を私憤と断じ、上杉方支援を決定した。

幕府の方針は、関東管領には憲忠の弟で在京奉公していた房顕《ふさあき》（前出の龍春）を任命し、関東に向かわせて上杉方の総大将に据え、さらに、越後《えちご》・信濃・駿河《するが》から軍勢を派遣することだった。かねて鎌倉府の動きを抑えるために配置していた包囲網の守護たちが、活用される時が来たわけである。

享徳四年（一四五五）四月には、駿河守護今川範忠《いまがわのりただ》、越後守護上杉房定《うえすぎふささだ》が関東に向けて出陣した。範忠は幕府方としての活躍も長く、房定は宝徳二年（一四五〇）に長らく専横を振るっていた守護《しゅご》代《だい》にして家宰の長尾《ながお》邦景《くにかげ》を滅ぼし、守護権力の安定をみていた。両者とも幕府からの期待は大きかっただろう。

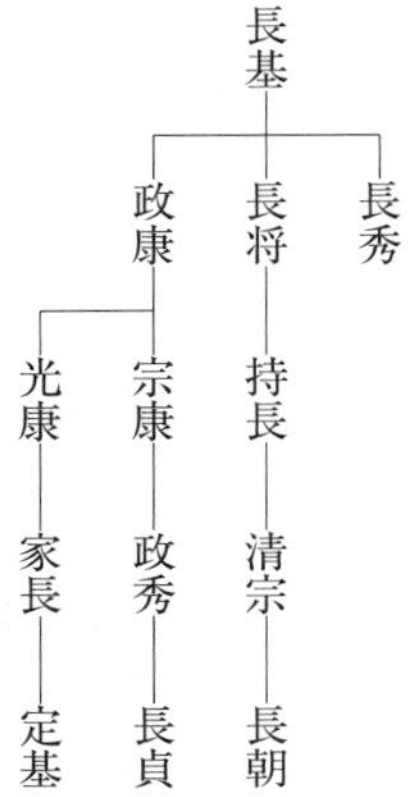

12―小笠原氏略系図

一方、信濃守護小笠原光康《おがさわらみつやす》は正月十六日付で上杉方への協力命令を幕府から受けていながら、なかなか動くことができなかった。これは、一族の清宗《きよむね》が成氏と通じていたためで、享徳の乱で二分されたのは関東だけでなかったことが知られる。なお、信濃小笠原氏は光康の系統（松尾家）と清宗の系統（府中家）に加え、のちに光康の甥政秀《まさひで》が勢力を伸張させて独自の勢力（鈴岡家）となり、この分裂が信濃の政治状況をより複雑にした。

幕府の方針は、早くも一部頓挫した格好だったが、今川範忠は箱根を越え、六月に鎌倉に入り、公方方の勢力を駆逐して占領することに成功した。また、幕府が上杉方を支持したことが広まると、公方方から上杉方への寝返りが起こり始めた。すなわち、三月に上州一揆が成氏の古河陣から離脱し、四月初めまでに成氏の兄勝長寿院成潤、宇都宮等綱、山川景貞《やまかわかげさだ》、真《ま》壁《かべ》氏幹《うじもと》らが離反したことが知られる。なお、下総の名族千葉胤直《ちばたねなお》は上杉方についたが、三月、重臣原胤房《はらたねふさ》の攻撃によって千葉城を追われた。

こうして、幕府の上杉方支援決定、それに続く幕府軍の進出、公方方からの寝返りなどにより、小栗城や天命・只木山の攻略戦は長引くことになったとみられる。なかでも鎌倉が今川範忠によって占領されたことは、成氏にとって鎌倉帰還を断念する大きな要因となった。幕府の支援を受けた上杉方は、従来武蔵・相模に勢力基盤があるわけで、そこを突破して鎌倉奪還を図るのはあまりにも危険が大きいからである。したがって、成氏は上杉方が幕府の支援を受けて戦いの早期決着が難しくなり、かつ鎌倉が今川範忠に占領されてからさほど時を経ずに、おそらくはこの年半ば頃には鎌倉帰還を断念したと考えられよう。

ところで、この年七月二十五日に年号は享徳から康正に改元されるが、成氏は、その後長禄《ちょうろく》・寛正《かんしょう》・文正・応仁《おうにん》・文明《ぶんめい》と年号が変わっても享徳年号を使い続ける。このことは、一般に成氏が幕府主導でなされた改元に従わないことで、幕府への敵対姿勢を示したと理解されている。

しかし、成氏は幕府に対して自身の正当性を主張し、幕府が上杉方を支援したため敵対することとなっても、和睦を望み続けている。また、年号は実質的には幕府の意思によっていたとしても、形式的には朝廷に制定権限があったわけで、それを使用しないことが即敵対となると、朝敵の意思表示ともなり、いささか強気に過ぎるようにみえる。享徳年号使用継続の意味は、いきなり幕府への敵対姿勢誇示というよりも、幕府の政策に対する消極的批判とみたほうがよいと考える。この点は、持氏の永享年号不使用についても同様である。

五十子陣の構築

康正元年（一四五五）には、このほかにも六月に上野三宮原（群馬県吉岡町）、十月に下野木村原（栃木県栃木市）、十二月に武蔵埼西《きさい》郡（埼玉県加須市周辺）など各地で戦いがあったが、前述したように、おおむね公方方が優勢だった。下総千葉氏の内紛も公方方の原胤房に千葉氏庶家の馬加《まくわり》（千葉）康胤《やすたね》が味方し、八月に胤直・宣胤《のぶたね》父子が敗戦、自害に追い込まれて公方方の勝利となり、千葉本宗家は康胤が継いだ。

これに対し、胤直の甥実胤《さねたね》・自胤《これたね》兄弟が市川城《いちかわじょう》に籠もって対抗し、幕府からも援軍として千葉氏の庶流である東常縁《とうつねより》らが派遣された。常縁は本貫地《ほんがんち》の下総東荘《とうのしょう》（千葉県東庄町）に入り、そこを拠点として原胤房・千葉康胤らと戦った。

康正二年となり、正月には成氏が簗田出羽守《やなだでわのかみ》らを派遣して市川城を落とし、実胤・自胤は武蔵に落ち延びた。しかし、東常縁らは強力で、その後も下総・上総《かずさ》では公方方と幕府・上杉方との戦闘が続いた。公方方として上総では甲斐武田氏の一族武田信長が活動していた。なお、安房では里見義実が力を伸ばしていた。この武田・里見は憲忠誅殺の中心となった者たちで、成氏近臣である。

二月には上野深須《ふかず》（群馬県前橋市）・赤堀（群馬県伊勢崎市）・大胡《おおご》・山上（群馬県前橋市）、三月には下野茂木《もてぎ》（栃木県茂木町）で戦いがあり、常陸では佐竹氏で公方方の当主義頼《よしより》と上杉方の弟実定とが抗争を続けるなど、北関東でも戦闘は継続していた。

九月、武蔵岡部原（埼玉県深谷市）で岩松持国《いわまつもちくに》を中心とする公方方と越後上杉房定・長尾景仲を中心とする上杉方との間で大きな戦闘があった。激戦が展開された末、公方方が勝利したが、公方方では岩松持国の子次郎や成氏重臣高左京亮《こうさきょうのすけ》が負傷、岩松一族鳥山式部大輔《とりやましきぶのたいふ》が戦死し、上杉方でも負傷者・戦死者が多く出た。

13—五十子陣跡（本庄市教育委員会提供）

十一月には東常縁と千葉康胤とが上総八幡《はちまん》郷（千葉県市原市）で戦い、康胤が敗死した。千葉氏の家督はこれ以前に康胤の長子胤持《たねもち》、その早世後は次子輔胤《すけたね》が継いでおり、後に輔胤は本佐倉城《もとさくらじょう》を新たに本拠とした。この移転は成氏の古河城を支えるためだったという（則竹二〇一三）。

このように、時に大きな戦闘がありながらも公方方・上杉方ともに決定的な勝利を得られない状況下で、上杉方としては、公方方勢力とより近い地点に本営を構え、有効に攻撃を加える必要性を考慮することとなった。そこで、康正二年〜長禄二年（一四五六〜五八）頃、現在の埼玉県本庄市東五十子《ひがしいかっこ》・西五十子を中心とした台地上に構築された広大な拠点が、五十子陣《いかっこのじん》である。構築の途上では前線基地としての意味合いが強かっただろうが、長禄三年には上杉方の総大将山内上杉房顕らが五十子陣に入り、利根川を挟んで公方方と睨みあう形勢となった。以降、五十子陣は上杉方の本営・本拠として機能していくのである。

堀越公方の成立

公方方と上杉方との戦いが長期化するなか、幕府も打開策を講じていた。それは、成氏に対抗する新たな関東の主を設定することで、康正三年（一四五七）七月以前に将軍義政の庶兄で天龍寺香厳院《てんりゅうじきょうごんいん》にいた清久の派遣が決まった。清久は還俗《げんぞく》して政知《まさとも》と名乗り、足利一門の渋川義鏡《しぶかわよしかね》が関東探題《かんとうたんだい》として補佐することとなった。十二月二十四日（九月二十八日長禄に改元）、政知と義鏡は京を発ち、近江《おうみ》の園城寺《おんじようじ》（滋賀県大津市）に入った。態勢を整えるためか、政知らはなかなかそこから動かなかったが、新公方派遣の報が関東の公方方諸将に大きな動揺を与えたことは、想像に難くない。

長禄二年五月、公方方の有力武将岩松持国が上杉方に寝返った。これについては、将軍義政や渋川義鏡の働きかけもあったが、実質的に工作を進めたのは上杉方の岩松家純《いわまついえずみ》とその家宰横瀬《よこせ》国繁《くにしげ》だった。家純は、禅秀《ぜんしゅう》の乱後、足利持氏によって殺された岩松満純《みつずみ》の子で、難を逃れて諸国を放浪した後、六代将軍義教に見出され、義教横死後も在京奉公を続けていた。一方の持国は満純の甥にあたり、満純誅殺後、岩松氏の家督となっていた。家純は結城合戦でも幕府軍に従軍しており、このたびも享徳の乱を奇貨として、関東での復活を期して上杉方支援の幕府軍に加わったものと思われるが、持国に寝返りを勧めたところをみると、この時点では持国を打倒して家督に就こうとまでは考えていなかったのかもしれない。

関東へ向かうのに手間取っていた政知だが、長禄二年八月までには伊豆に入っていたとみられる。目的地は、かつての関東随一の政治都市鎌倉であり、ここまで来れば、目の前といってもよい距離だったが、なぜか政知は箱根を越えなかった。はじめ伊豆奈古谷《なごや》（静岡県伊豆の国市）の国清寺《こくしょうじ》に座所を構えたと推定され、のちに堀越《ほりごえ》（同前）に移転したため、堀越公方と呼ばれることとなったのである。

政知が鎌倉入りしなかった理由は明確でない。ただ、関東の戦況からいって、幕府から派遣された今川範忠の占領下にあるとはいえ、鎌倉が安全でなかったことは、従来よく指摘されているところである。また、鎌倉は政治都市としての機能を失っており、上杉氏陣営との関係も完全に良好というわけでなかったので、幕府との連絡も取りやすい伊豆を拠点とした可能性も指摘されている（山田二〇一五）。

14—新田岩松氏系図

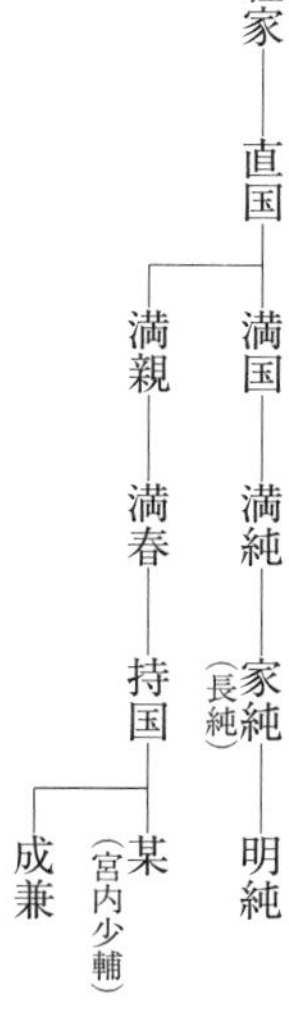

ともあれ、政知は伊豆で政治活動を開始した。政庁としては堀越公方府とでも称すべきものだ

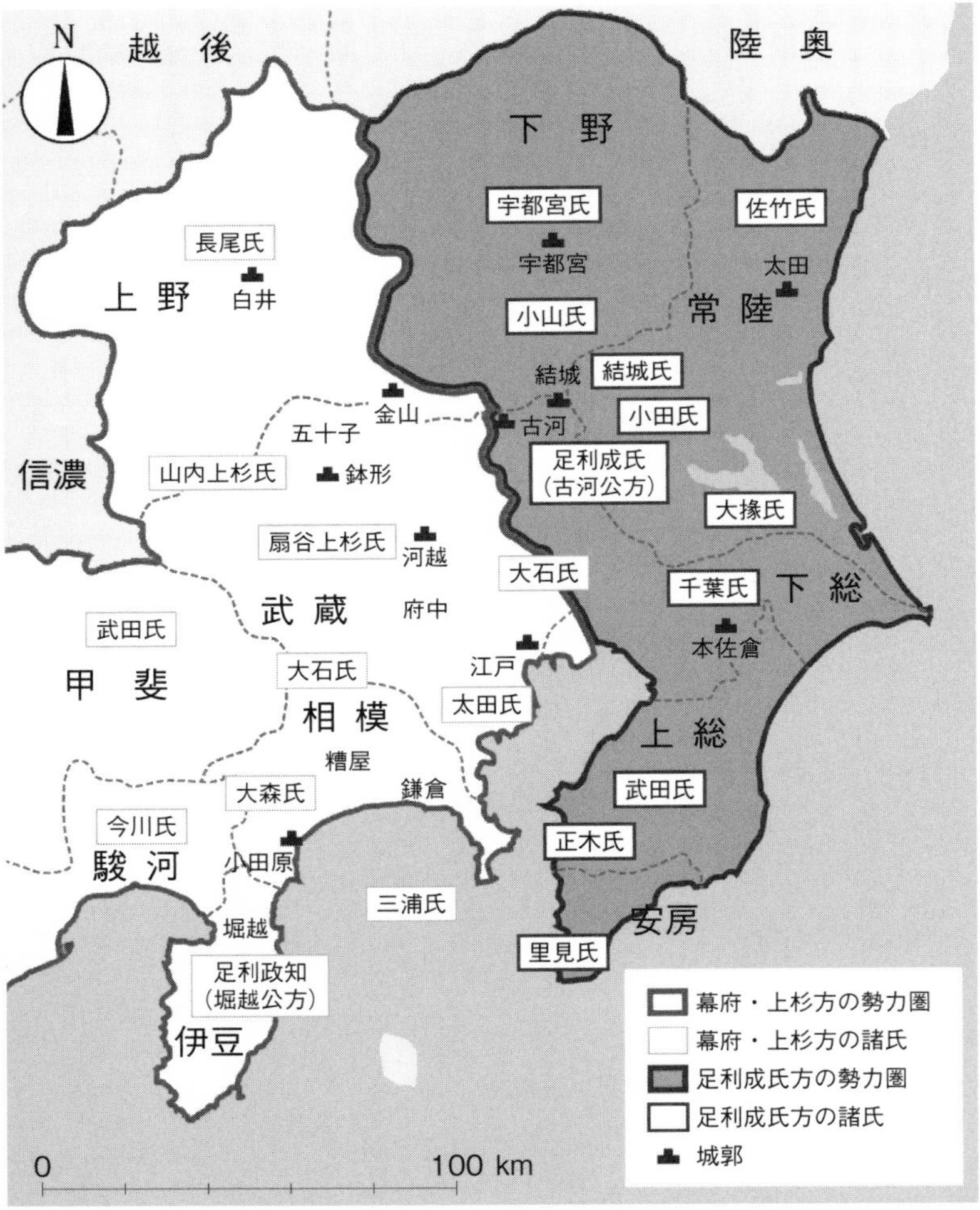

15―享徳の乱関係図(『葛飾区史』〈2017年〉より作成)

が（堀越に移るのは少し後になるが、便宜上このように称する）、その構成員の中心は、政知が京から伴ってきた者たちだった。筆頭は前述した渋川義鏡で、ほかにも犬懸上杉教朝《いぬかけうえすぎのりとも》が執権として政知の補佐役を務めていた。この教朝は禅秀の子であり、禅秀の乱後、京に逃れて在京奉公していた。さらには、斎藤朝日・布施《ふせ》・富永・東・伊川らの諸氏があり、公方府を支えていたが、こうした京下り武士中心の堀越公方府は、やがて関東地元勢力との軋轢《あつれき》を生むことになるのである。

優劣決せず

足利政知を派遣した幕府の方針は、政知を総大将として成氏に対峙させ、関東の上杉方に加え、周辺国である奥羽（とくに南奥）・越後・信濃・駿河の軍勢を派遣して圧倒しようというものだった。

ところが、肝心の政知が関東に入らなかったのは、幕府にとって誤算だった。新公方が来るという情報だけでもなかなかの威力で、成氏方から有力武将の岩松持国を寝返らせたのだから、将軍の庶兄である政知が前線に立てば、上杉方は大いに有利な展開が望めたであろう。

では周辺国の援軍はどうかといえば、前述のように、越後守護上杉房定と駿河守護今川範忠はみずから関東に出陣して活躍していたが、信濃守護小笠原光康は享徳四年（一四五五）の出陣命令の際もなかなか動けず、長禄二年（一四五八）にも将軍義政の出陣命令を承諾したが、やはり動けずに責められるありさまだった。奥羽に対しても、長禄二年、白河直朝《しらかわなおとも》に出陣命令が出されたが、直朝は承諾したものの動かなかったため、督促を受けている。このほか伊達《だて》・蘆名《あしな》・小峯《こみね》・岩城《いわき》・相馬《そうま》等々の諸氏にも軍勢催促がされているが、おおむね反応は鈍かった。

将軍義政は、さらに斯波《しば》義敏《よしとし》を幕府軍の中核として送り込もうとした。斯波氏といえば、室町幕府の三管領家の中でも最も家格が高い一族だったが、当主の早世が続き、往時の威勢を失っていた。義敏も嫡流の義健《よしたけ》が十八歳の若さで死去したために傍流から家督を継いだのだが、家宰の甲斐常治と対立を続けていた。

同二年三月、義政は義敏と甲斐との争いを調停し、六月に義敏・甲斐に関東への出陣を命じた。ところが、義敏は軍勢を集めて京から出陣したものの、関東には向かわず、越前《えちぜん》へ方向転換して甲斐の拠点である敦賀城《つるがじょう》（福井県敦賀市）を攻撃し、敗れた。命令を無視された義政は激怒し、義敏は追放されるに至ったのである。

このように、幕府・将軍義政の大攻勢計画はあまり機能せず、関東の情勢は上杉方に有利となったはずなのに、はっきりとした優劣はみられなかった。

それでも、長禄三年には五十子陣に関東管領上杉房顕、越後守護上杉房定、さらには渋川義鏡が入り、同陣は幕府・上杉方の大本営化した。ここで、堀越公方府からは渋川義鏡の派遣であり、公方の政知でないことは注意される。前述のように、将軍の兄弟である政知が前線に立てば大きな効果が期待できたはずであり、鎌倉に入らなかったことといい、政知の性格に何らかの問題があったことも想定されよう。

ともあれ、大軍となった上杉方は、成氏の本拠古河城を攻撃すべく、五十子陣を出撃し、情報を得た成氏方もこれを迎撃するために出陣した。十月十四日武蔵太田荘《おおたのしょう》（埼玉県鴻巣市か）、十五日朝には上野佐貫荘《さぬきのしょう》海老瀬口《えびせぐち》（群馬県板倉町）、同日夕には同荘羽継原《はねつぐはら》（群馬県館林市）で戦闘が展開され、とくに羽継原の戦いは激戦だったが、結果は成氏方の勝利となった。

総大将の山内上杉房顕は五十子陣に退却し、扇谷上杉持朝は自身の拠点である武蔵河越に逃げ込み、渋川義鏡と岩松家純は武蔵浅草（東京都台東区）にたどり着いた。散々な大敗だったが、上杉方から幕府や堀越公方府には勝利の情報がもたらされた。可能な限りの総力戦で挑んだにもかかわらず大敗しましたでは済まない、と考えたのだろうか。逆にいえば、政知についてはわからないが、将軍義政がそれだけ恐れられていたことをも示していよう。

十一月には常陸信太荘《しだのしょう》で、上杉方の小田持家・佐竹実定・真壁朝幹《まかべともも と》らと成氏方の小山持政・千葉輔胤らの戦いがあった。ここでも上杉方は持家の子息や真壁氏一族三人が討ち死にするなどして敗退した。

上杉方にとって痛い敗戦が続いたが、成氏方も大局的にみれば政治的劣勢は否めず、大反攻に出る条件はなかった。こうして、優劣がはっきりしないまま、次第に戦局は膠着化の度合いを強めていったのである。

3　乱の膠着化

足利政知の意向と立場

長禄四年（一四六〇）正月、鎌倉を四年半にわたり抑えていた今川範忠の軍勢が、狩野《かのう》一族の被官人《ひかんにん》を残してほぼ退去し、駿河へ帰還した。理由は定かでないが、長期にわたる遠征に嫌気がさしていたのは間違いなかろう。前年遠江今川氏《とおとうみいまがわし》（今川了俊《りょうしゅん》の子孫）が復権を狙って遠江で軍事行動を起こしたことと関連する可能性もあるが、いずれにせよ、関東の予断を許さない戦況からは、幕府の命令によるものとは考えがたい。

この頃、堀越公方政知にも変化がみられる。すなわち、あれほど逡巡していた関東への入部を望んだのである。政知関東入部の風聞はすでに長禄三年に立っていたが、直接の契機となったのは、四月以前に在所としていた伊豆国清寺が成氏方に攻撃され、堀越に移転を余儀なくされたこととみられる。閏九月、堀越公方府の朝日教貞《あさひのりさだ》・富永持資《とみながもちすけ》が上洛し、戦力増強を要請した上、それが不可ならば政知を鎌倉入りさせるべきと訴えた。伊豆にいたところで成氏方の攻撃はあるのであって、同じことならば鎌倉に入って新鎌倉公方としての実を備えたいと政知は考えたのだろう。だが、将軍義政は政知に関東入部の軽挙を戒めた。これをもって幕府＝義政は当初から政知を関東に入部させないつもりだったとする見解もあるが、その点はどうだろうか。

それならばそもそも政知を、たとえ伊豆まででであっても進出させる意味が考えがたい。ここは、幕府＝義政の方針転換があったとすべきだろう。それをもたらしたのは、ほかならぬ政知の逡巡であり、政知が関東に入部もせず戦いの前線にも赴かないなか、成氏方が勝利を得ていくありさまに、義政は愛想をつかしたのではないか。

16―堀越御所跡（伊豆の国市提供）

その結果、あらためて政知を除外したかたちで、義政は長禄四年に関東や奥州の諸氏に大動員をかけていった。この動員も結局はうまくいかなかったのだが、以降も政知抜きの戦略が進められていったのである。

ただ、将軍の庶兄をまったく無視しておくわけにもいかず、戦略の中心から外されても関東の統治を任された名目は生きていた。このことがさらなる問題を生むのである。

なお、右にみた長禄四年の大動員で、将軍義政は奥州探題《おうしゅうたんだい》大崎氏《おおさきし》に対しても国人《こくじん》などを相催して参陣するように命じている。関東に近接する南奥は白河氏が軍事指揮権を有しているので、ここでの国人は実質中奥・北奥の人びととみられるが（黒嶋二〇一二）、この段階でなお奥州探題が陸奥国の国人に対して軍事指揮権を有していることは注目される。と同時に、それがうまくいかなかったことも重要で、奥州探題大崎氏の権威・権限とその効力との間には大きなズレが生じていたのである。

渋川義鏡の失脚

寛正二年（一四六二）五月、将軍義政は岩松家純に充てて御内書《ごないしょ》を発給した。それによれば、岩松持国父子が成氏に内通していることが露見したため、家純によって「沙汰」されたという。これは、その後持国の消息がまったく途絶えることからしても、殺害されたとみてよい。また、持国の子も殺されたわけだが、もう一人の子がおり、成兼《しげかね》と名乗って成氏方として活動することとなる。持国の内通が事実だったか否かは不明だが、上杉方が一向に有利にならないなか、ふたたび考え直すに至ることはありえるだろう（山田二〇一五）。ただ、岩松氏家督の奪還を狙った家純・横瀬国繁による策略の可能性もあり、確定しがたいところである。ひとついえるのは、上杉方の各方面で問題が生じていることであり、これによって成氏方との戦いがいよいよ難しくなっているのである。

この年、堀越公方府は相模に対する支配権を大幅に認められ、積極的な介入を始めた。すなわち、相模守護扇谷上杉持朝が被官などに給与した兵粮料所《ひょうろうりょうしょ》の没収を行ったり、今川軍撤退後の鎌倉の支配を開始するなどしたのである。これらは実質的には、政知を補佐する渋川義鏡が行っていたが、九月には、斯波義敏追放後に家督を継いでいた義敏の子松王丸《まつおうまる》が廃され、義鏡の子義廉《よしかど》が斯波氏家督についた。義鏡の意気がますます盛んになったのは間違いない。

だが、当然のことながら義鏡の行動は扇谷上杉氏や他の関東諸氏の猛反発を受けることになった。まず、この年、堀越公方府の重鎮犬懸上杉教朝が「心中決し難き事」によって不慮の自殺を遂げているが、これは扇谷上杉氏との抗争に悩んだ末のこととみられている。なお、教朝の後任として十月に嫡子政憲《まさのり》が伊豆に下向した。

ついで、扇谷上杉持朝について何らかの「雑説」が生じた。「雑説」の具体的な内容は明らかでないが、寛正三年三月、義政は政知と持朝に充てて次のような御内書を発給した。すなわち、政知には持朝が重要人物であるから所領など問題ないようにせよと指示し、持朝には今後も関東のことをよろしくお願いしたいと述べている。

一見して持朝を重視していることが明らかで、わざわざ義政が乗り出して収めようと試みているところからみても、「雑説」の内容は、政知ないしは堀越公方府に対する持朝の鬱憤に端を発したもので、持朝が幕府に叛逆するか、あるいは地位・役割を投げ出して隠遁するかといったところだったと考えられる。

さらに同月には三浦郡を押さえる豪族三浦時高《みうらときたか》が隠遁を表明し、やはり義政によって慰留された。時高は持朝の子高救《たかひら》を養嗣子として迎えており、持朝の有力な与党である。持朝と連携しての行動が疑われるところであろう。

十二月に至ると、義政は堀越公方府が没収していた持朝給付の兵粮料所を、旧に復すように命じた。

これは、義政＝幕府が関東現地の武士である持朝を完全に支持したことを意味しており、渋川義鏡の堀越公方府における活動がみられなくなることからも、義鏡の失脚が考えられるが、要は堀越公方府の中で責任を負わされたということだろう。

堀越公方政知は、当初幕府・上杉方の総大将として古河公方成氏に対峙し、かつ関東の新しい支配者となるはずだったが、総大将としては見切りをつけられ、堀越公方府で関東の支配者としての活動を始めたが、それも義政＝幕府の現地優先への方針転換によって、事実上否定された。いまや政知と堀越公方府は、幕府にとっても上杉方にとっても「お荷物」といわざるをえない存在になったのである。

体制の移行

寛正四年（一四六三）八月、上杉方の重鎮長尾景仲が死去した。七十六歳だった。山内上杉氏の家宰として重きをなし、隠遁した主人憲実の反対を押し切って憲忠を山内上杉氏の家督に据え、扇谷上杉氏家宰太田道真と謀って江の島合戦を起こし、また、上野下向によって再度成氏と事を構えようとしていると疑われ、憲忠誅殺の原因となった。享徳の乱勃発後、とくに序盤では上杉方の中心となって各地での戦いに活躍した。老齢からか寛正二年には子息景信《かげのぶ》に家宰職を譲っていたようだが、それでもこの大人物の死去は、上杉方では大きな重みで受けとめられた。

同年十月、山内上杉房顕が関東管領の辞職を申し出たのも、長引く戦いの心労もさることながら、直接的契機が景仲の死である可能性は高い。結局、この希望は幕府に認められなかったが、文正元年

（一四六六）二月、房顕は五十子陣で病死した。三十二歳であった。房顕には子息がなく、関東管領を誰が継承するかが重大な問題となった。

山内上杉氏家宰の長尾景信は、五十子陣にいた越後守護上杉房定の子息を後継者に迎えたいと考えた。越後上杉と山内上杉の密接な関係に鑑みれば、至極当然のことだっただろう。近くは政治的にきわめて重要な役割を果たした憲実も、一時その跡を継いだ清方も越後上杉氏の出自だった（なお、清方は上条《じょうじょう》家を興していた）わけである。

ところが、房定は景信からの申し入れを断った。理由は定かでないが、先の見えない戦いの先頭に実子を送り込むことにためらいがあったのだろうか。困った景信は幕府へ働きかけ、十月には将軍義政の御内書、幕閣の重鎮細川勝元・畠山政長《はたけやままさなが》の書状などにより、房定に説得が行われた。また、『松陰私語《しょういんしご》』によれば、五十子陣では景信に請われた岩松家純が動き、何度も房定とやりとりをした末、房定の陣所に乗り込んで、承知してくれないならばここで年月を送ろうかと「狂言」を行ったため、ついに房定も折れたという。

『松陰私語』は新田岩松氏に仕えたブレインの僧侶松陰が著した回想録であるため、同時代記録としての価値は高いが、岩松氏を持ち上げる傾向があることには注意しなければならない。効果としては義政御内書の方が大きかったと考えるのが自然だろうが、景信が遠くは幕府、近くは岩松家純など、あらゆる手段を尽くして必死に房定の了解を得ようとしたのは間違いないであろう。

こうして、房定の子息の一人龍若《たつわか》が山内上杉氏の家督を継ぎ、関東管領に就任することとなった。これがのちの顕定《あきさだ》である。

さらに、応仁元年（一四六七）五月には、扇谷上杉持朝が五十七歳で死去した。享徳の乱勃発以降、上杉一族の長老として活躍し続け、扇谷上杉氏の家格をおおいに引き上げた半生だった。跡を継いだのは、分倍河原の戦いで戦死した顕房の子政真《まさざね》だったが、まだ若く、力量に不足があったことは否めない。

これに先立つ寛正二年頃、扇谷上杉氏家宰の太田道真が武蔵龍穏寺《りゅうおんじ》（埼玉県越生町《おごせ》）に退隠し、嫡子の道灌に家督・家宰職ともに譲与したとみられる。ただし、道真は完全に身を引いたわけではなく、この後も影響力を行使し続けた。

包囲網の綻び

上杉方の中心人物の相次ぐ死去は、戦いの膠着化に影響を与えたと考えられるが、関東周辺諸国を活用した包囲網にも綻びが生じつつあった。

そもそも、南奥や信濃はほとんど幕府の命令に従った動きは示すことができないでいた。信濃で小笠原氏が分裂したことは前述したが、寛正四年（一四六三）に越後の上杉右馬頭《うえすぎうまのかみ》が、有力国人高梨政高《たかなしまさたか》の所領高橋（長野県中野市）に攻め込み、逆に討ち取られている。上杉右馬頭は越後守護上杉房定の一族で上杉方だが、してみれば高梨は成氏方とも考えられ、信濃国内では小笠原氏のみならず、上杉方・成氏方に分かれた抗争が繰り広げられていたと推測できる。

足下がこのような状況で、さらに小笠原氏自体も分裂しているようでは、守護小笠原氏（松尾家）が軍勢を編成して遠征することは難しかったといわざるをえない。

駿河の今川範忠は鎌倉を占領するなど、よく立ち働いていたといえるが、前述のように、長禄四年（一四六〇）正月には鎌倉から撤退し、駿河へ帰国してしまった。その後、寛正二年三月嫡子義忠《よしただ》に家督を譲り、五月に死去したという。

将軍義政は、同年十二月義忠にも関東への出陣を命じるが、義忠は、少なくとも父範忠のように関東で活躍した形跡はない。のちの行動から考えれば、むしろ逆方向の遠江に関心を深めていったのではないか。これは、かつて今川氏が守護であった遠江を奪還する願望が根底にあったといえよう。遠江には今川了俊の子孫が遠江今川氏として関与し続けていたが、寛正六年頃から遠江国における独自の活動が追えなくなっており、駿河守護の今川氏が代わりに今川氏としての奪還を目指すようになっていったのである。

越後の上杉房定は、遠征軍のなかではもっとも重きをなす存在だった。関東管領山内上杉房顕の実の従兄弟であり、軍事力も上杉方の各軍団の中で最大・最強だった。だが、その房定も、あまりの長陣に疲弊していたのは否めない。寛正二年十二月、将軍義政が戦費のことを気遣い不知行地《ふちぎょうち》回復を約束しているのも、房定の重要性とともに、離脱の可能性が小さくなかったことを示唆する。

房顕の死去後、実子を関東管領とすることについて拒否し続けたのも、実子への気遣いのほかに、

17―武田氏系図

そもそも関東の戦いにこれ以上深入りしたくないとの思いがあったのかもしれない。

ここで、包囲網の内側にある甲斐の状況をみよう。享徳四年（一四五五）、武田《たけだ》信守《のぶもり》が死去し、家督を、子息でいまだ幼少の信昌《のぶまさ》が継いだ。このため、甲斐国内の実権は跡部明海《あとべみょうかい》・景家《かげいえ》父子が握ることとなった。ただ、それで信昌がまったく逼塞を余儀なくされたかといえば、そこまではなさそうで、寛正年間（一四六〇～六六）に入ってから幕府に対し活発に接近を図っている。

これは甲斐国守護となるのが目的だったとされており、寛正六年六月までには補任されたのではないかという。

ところが、同年十二月、将軍義政が古河公方成氏討伐の一環として信昌に下総出兵を命じた時には応じた形跡がない。また、同五～六年には跡部氏が反乱を起こして信昌に滅ぼされている。

つまり、信昌は守護の地位を得ることによって跡部氏討伐の名分・正当性を獲得し、その実効性がいかほどあったかは別としてこれを打倒することに成功し、それを達した後は幕府の指令を無視しているわけで、幕府への接近はひとえに跡部氏打倒のためだった可能性もある。

ともあれ、成氏包囲網の内側にあって幕府方の武田氏も幕府の指令に従っていないのであり、包囲網の綻びは深刻なものだったといえよう。

先に、蝦夷《えぞ》島は鎌倉府に対する包囲網の外縁であり、北奥羽もしだいに外縁化していったと述べたが、十五世紀半ば頃にはどのような動きがあっただろうか。

包囲網の外で

北奥を見ると、前述のように、長禄四年（一四六〇）、奥州探題大崎氏を通じて国人の動員が命じられており、一応これは北奥を含んでいると見なせるが、どれほど期待されていたかは疑わしく、実際出動の形跡はなかった。北奥羽に勢力を広げていたのは安藤氏《あんどうし》だったが、安藤惣領家はしだいに南部《なんぶ》氏《し》の圧迫を受け、津軽から没落し、享徳二年（一四五三）滅亡した。同家は南部氏が擁立した政季《まさすえ》が継ぐが、のちに蝦夷を経て出羽能代湊《のしろみなと》に移り、檜山《ひやま》安藤氏となった。南部氏も順調に発展したかのようだが、十五世紀中に八戸《はちのへ》南部氏から三戸《さんのへ》南部氏に惣領家が交代したとみられる。

なお、中世前期に海運の拠点として繁栄した十三湊《とさみなと》（青森県五所川原市）は、安藤氏の没落のほか、砂丘形成など自然条件の変化もあり、十五世紀半ばには衰退した。

蝦夷には、のちに道南十二館《どうなんじゆうにだて》とよばれる倭人の拠点があった。すなわち、志濃里《しのり》（志苔）館（北海道函館市）・箱館（同前）・茂別《もべつ》館（同北斗市）・中野館（同木古内町）・脇本館（同知内町）・穏内《おんない》館（同福島町）・覃部《およべ》館（同松前町）・大館（同前）・禰保田《ねぼた》館（同前）・原口館（同前）・比石《ひいし》館（同上《かみ》ノ国《くに》町）・花沢館（同前）で、これらを足がかりに、東は鵡川《むかわ》（同むかわ町）から西は余市《よいち》（同余市町）に至る地域まで倭人は進出していた。豊富な資源を求めてのことなのは間違いなく、渡島《おしま》半島南部の湊津を経て、主として日本海廻りの海運によって、北方の産物は京にまでもたらされていた。日本海側では、十三湊衰退

18—志苔館跡（赤松秀亮撮影）

後も油川《あぶらかわ》（青森県青森市）・能代（秋田県能代市）・土崎《つちざき》（同秋田市）・脇本（同男鹿市）・船越（同前）などが窓口となっており、北方交易は盛んだったが、しだいに先住民アイヌとの軋轢も深まっていったと考えられる。

康正二年（一四五六）志苔の鍛冶屋村で和人の刀工とアイヌとが喧嘩になり、刀工がアイヌを殺してしまった。これを契機としてアイヌが蜂起し、和人の勢力は松前《まつまえ》・上ノ国あたりまで後退した。さらに、翌年五月、東部の酋長コシャマインが蜂起すると、和人の館は次々と落とされ、茂別・花沢館を残すのみとなった。

追いつめられた和人勢力だったが、花沢館主蠣崎季繁《かきざきすえしげ》の客将武田《たけだ》信広《のぶひろ》がコシャマインを討ったため、辛うじてアイヌを退けることに成功した。信広はのちに蠣崎氏を継ぎ、近世大名松前氏の祖となったという。

だが、この後も蝦夷島ではアイヌと和人との対立が続き、和人の勢力は逼塞を余儀なくされたとみられる。幕府は、北方からもたらされる産物には関心を持っていたが、支配に関しては緩やかに抑えている程度でよいとしていた観がある。これにより、包囲網の外縁では、享徳の乱をよそに自律的な動きが進んでいたのである。

また、寛正六年（一四六五）、幕府は大崎・南部・白河氏らに名馬進上を命じたが、南部氏からの貢馬は南部・小野寺《おのでら》氏の抗争により通路が塞がれ、停滞した。これに対し、幕府は大宝寺《だいほうじ》氏に路次警固を命じて一、二頭でも貢馬を実現させようとしている。ところが、停滞の原因である南部・小野寺氏の抗争自体をやめさせた形跡はなく、このようなところにも北奥羽の「外縁」化の一端を垣間見ることができる。

このように、周辺諸国からの遠征軍やそれを成り立たせている包囲網にはさまざまな問題があり、外縁では享徳の乱と関わりのない自律的な動きもあるありさまだった。乱が膠着化するのも当然といえば当然だったが、そこへさらに拍車をかける大事件が起きた。応仁の乱である。

応仁の乱と享徳の乱

室町幕府八代将軍義政は、亡父六代将軍義教ばりの専制政治を目指し、伊勢《いせ》貞親《さだちか》ら近臣を取り立てて積極的に活動していた（百瀬一九七六）。享徳の乱への介入もそのひとつの表れといえる。

ところが文正元年（一四六六）、守護勢力のクーデターで近臣が一掃されて急激に影響力が低下し、細川勝元・山名《やまな》持豊《もちとよ》（宗全《そうぜん》、以下宗全で統一）の二大派閥が強大化することとなった。三管領家のうち細川氏は一族が強固に連携を保っていたものの、斯波氏では家督を継いでいた渋川義鏡の子義廉と将軍義政に赦免された義敏とが対立し、畠山氏では享徳四年（一四五五）に持国が死去して実子義就《よしひろ》と養子政長《まさなが》とが対立し、義廉・義就は山名派、義敏・政長は細川派となっていた。

文正二年正月、畠山義就が軍勢を率いて上洛し、上御霊社《かみごりょうしゃ》で政長勢と激突した。この戦いは義就が勝利したが、細川勝元は味方を招集し、細川・山名両派は一触即発の情勢となった。

五月二十六日（三月五日応仁に改元）、ついに洛中で戦いの火蓋が切って落とされた。これが応仁の乱の本格的始まりであるが、近年、応仁の乱と享徳の乱とが密接に関連していることが明らかにされてきている。とくに享徳の乱こそが応仁の乱の原因だとする説もあり（峰岸二〇一七）、この点は戦国時代の「開幕」とも関わってくるところと考えられるので、しばしみておこう。

注目されているのは、応仁二年に比定されている成氏の二通の書状である。一通は四月十一日付け岩松左京亮（成兼）充て、もう一通は閏十月朔日付け那須越後守《なすえちごのかみ》充てである。前者では、何度も要望していたのに応えて、「都鄙《とひ》御和睦」を仲介したとのことを、「義兼并畠山・山名」が書状で知らせてきたと述べ、後者では、「都鄙御合体」について忠節を励むようにとの「御教書」が京都からもたらされたと述べている。

「都鄙御和睦」「都鄙御合体」とあるのは、「都」＝幕府・将軍と「鄙」＝古河公方成氏との和睦である。また、「義兼」は「義廉」の誤りで斯波義廉、「畠山」は畠山義就、「山名」は山名宗全のことである。享徳の乱が応仁の乱の原因とする説では、享徳の乱を推進し、成氏打倒・上杉氏支援路線の義政・細川勝元に対し、斯波義廉・畠山義就・山名宗全らの和平派があり、この和平派の不満が応仁の乱の原因の一つとなった、泥沼化していた東国の戦乱へ介入を続ける勢力とそれへの批判勢力が中央で衝突したのが応仁の乱だとしている（峰岸二〇一七）。

ただ、この二通の書状の解釈は、ほかに直接的関連を示す史料がないため、かなり難しいとされている（杉山二〇一八）。そこで、最低限確認できるところをいえば、この和睦交渉は、そもそも成氏の側から申し出ているのであり、その逆ではないということである。それも何度も申し出て、ようやく斯波義廉らが対応したのであった。してみれば、斯波義廉らが少なくとも積極的な和平派とはいいづらいのではないか。そうである以上、享徳の乱に対する主戦派・和平派の対立が応仁の乱の原因ともいえない。魅力的な説ではあるが、現時点ではなかなか従えないのである。

この応仁の都鄙和睦については、前述のように二通の書状以外の史料がない。つまり、この後の展開が不明なのだが、成氏は享徳年号を使い続け、戦いもまったく収まる気配がなかったから、成就はしなかったとみてよい。東国と中央それぞれにおける戦争は泥沼化の様相を呈し、都鄙間の戦争もまた迷走の度合いを強めていくのである。

三　混沌化する社会

1　長尾景春の乱と太田道灌

一進一退

応仁《おうにん》二年（一四六八）十月、上野《こうずけ》毛呂島《もろしま》・綱取原《つなとりはら》（群馬県伊勢崎市）で戦闘が行われた。上杉方の中心は山内上杉氏《やまのうちうえすぎし》家宰《さい》長尾景信《ながおかげのぶ》と景春《かげはる》の父子で、上杉方が勝利を収め、足利《あしかが》成氏《しげうじ》方の軍勢は桐生《きりゅう》（同桐生市）に退散した。

この戦いの後、岩松成兼《いわまつしげかね》は新田荘《にったのしょう》を追われたとみられ、文明《ぶんめい》元年（一四六九）に岩松家純《いえずみ》が金山城《かなやまじょう》を築いて新田荘に入部した。岩松氏家督を名実ともに奪還したわけであり、家純にとっては、まさに宿願を果たしたといえる。また、上杉方にとっても五十子陣《いかっこのじん》を北東で支える要地を押さえたことになり、大きな成果だった。

文明三年四月から六月、上杉方は長尾景信を総大将として攻勢に出た。これは、成氏方の有力武将小山持政《おやまもちまさ》が上杉方に寝返ったことが一つの契機となったと考えられる。上杉方は下野足利荘《しもつけあしかがのしょう》（栃木県足利市）に進出して成氏方の赤見城《あかみじょう》・樺崎城《かばさき》を落とし、続いて上野の館林城《たてばやし》（群馬県館林市）・舞木城《まいぎ》（同千代田町）を落とした。五月末には、上杉方の軍勢が古河城《こが》を包囲し、危機を感じた成氏は同城を脱出し、下総本佐倉《しもうさもとさくら》（千葉県酒々井町《しすい》）の千葉孝胤《ちばたかたね》を頼った。

上杉方の攻勢が一応実を結んだ形だったが、古河城を落とすには至らなかったとみられる。この間、上杉房定《うえすぎふささだ》は本国越後《えちご》に帰還している。信濃《しなの》の状況を案じてというが、五月に毛利《もうり》（安田《やすだ》）房朝《ふさとも》が反乱を起こしたことからすれば、越後国内にも不安定な要素があったとみられる。房定の嫡子定昌《さだまさ》は関東に出陣していたが、房定の不在は上杉方にとって痛かっただろう。

19―金山城跡（太田市教育委員会提供）

成氏は、早くも翌四年春、古河城に復帰した。この後、成氏は反攻に転じ、五月に大軍を催して出撃、上野新田荘大館河原《おおだてがわら》郷八幡《はちまん》河原から佐貫荘《さぬきのしょう》岡山原にわたる地域に布陣して、五十子陣の上杉方に対峙した。結局のところ、情勢は一進一退であり、出口の見えない戦いがさらに継続していったのである。

この睨み合いの最中、上杉方に噂が流れた。新田岩松氏の家宰横瀬《よこせ》国繁《くにしげ》ら金山城の城衆が成氏方に通じているという。驚いた岩松氏配下の僧侶松陰《しょういん》は金山城に赴き、国繁と対策を協議した。国繁は「主君の岩松父子が五十子に在陣しているのに成氏方に内通などするはずがない」と言ったが、松陰は「それはあなたの心づもりに過ぎない。大局的な判断からはそれではいけない。必ずはっきりした証拠を示すべきだ」と意見して、結局国繁側から人質を五十子陣に送って事なきをえた。

噂は成氏方が仕掛けた策略だった可能性も高く、それならば情報戦の好例となるが、対陣が長引けば味方のうちでも疑心暗鬼が生じやすい。原因が外であれ内であれ、見えざる敵との戦いにも悩まされていることを示しているといえよう。

山内上杉氏家宰問題

文明五年（一四七三）六月、山内上杉氏家宰長尾景信が死去した。善くも悪くも大活躍した父景仲《かげなか》の後継者として精一杯奮闘したといえよう。ただちに問題となったのは次の家宰である。景信には嫡子景春がいたが、山内上杉氏宿老《しゅくろう》の寺尾入道《にゅうどう》と海野佐《さ》渡守《どのかみ》が相談して、景信の実弟で惣社長尾氏《そうじゃながおし》に養子入りして当主となっていた忠景《ただかげ》を家宰に決定した。

そもそも山内上杉氏の家宰は惣社長尾氏だったが、景仲以来白井《しろい》長尾氏となっており、本来のかたちに戻したと一応はいえる。だが、景信の嫡子景春は、当然自身が家宰となると期待していたので、これに大きく反発することとなった。

さらに、文明五年十一月、五十子陣で成氏方の攻撃を迎え撃った扇谷上杉政真《おうぎがやつうえすぎまさざね》が戦死した。二十二歳の若さであり、子息がなかったため、政真の父顕房《あきふさ》の弟である定正《さだまさ》が跡を継いだ。景信の死去とそれに続く家宰問題といい、政真の戦死といい、五十子陣には重苦しい空気が漂っていた。

文明七年、景春がいよいよ不審な動きを強めるに至って、動きが出た。扇谷上杉氏家宰太田《おおた》道灌《どうかん》の登場である。道灌が五十子陣に参上しようとしたところ、景春からはその必要がないとの申し入れが再三あった。それでも道灌は五十子陣へ進もうとしたが、すると今度は景春自身が道灌のもとを訪れた。

そこで景春は、主君であり上杉方総大将である顕定《あきさだ》や越後上杉定昌に洩れないように計略を廻らしており、道灌が五十子陣に行くと支障が生じると言って何とか思いとどまらせようとした。

道灌はこれに応じず五十子陣に到り、父親の道真《どうしん》を動かして顕定に取り次いでもらった。道灌は、景春に才覚がないため、その傍輩や被官《ひかん》に狼藉人が増えており、このままではよくないことが必ず起きるので退治するべきだ、と訴えた。

20—太田道灌像（静勝寺所蔵）

ところが、山内上杉氏家宰の長尾忠景は同意できない様子で、道真は粗忽《そこつ》な言い分だと腹を立てる始末だった。厳しく責め続ければ景春も考え直すだろうとでも考えているのだろうかと、道灌は嘆いている。

文明八年、ついに景春は五十子陣を離脱し、武蔵鉢形城《むさしはちがたじょう》（埼玉県寄居町）に引き籠もった。事態はいよいよ悪化したわけで、顕定らも対策を講じかねていた。道灌は鉢形城に籠もられてしまったからには退治も難しくなったと考えたのか、とりあえず忠景を辺地へ退けて景春をなだめる提案を道真に伝え、道真から顕定に取り次いでもらおうとした。

忠景が山内上杉氏家宰になったのが景春の鬱憤の原因なのだから、道灌の提案は一理あるものだったと思われるが、何度試みても道真は取り次いでくれなかった。父親の道真が何故道灌の提案を二度にわたり無下に扱ったのかは不明だが、やはり扇谷上杉氏の家宰として、山内上杉氏内部の問題に口出しすることは禍根を残すと考えたのだろうか。

ともあれ、調停に失敗した道灌はこの後駿河《するが》に赴き（これについては後述）、問題の解決後は本拠である江戸城に帰還して五十子陣には参陣しなかった。いろいろ苦労しているのに長尾忠景からは一言の挨拶もなかったので、すねてしまったようである。

だが、そのようなことをしている場合ではなかった。ついに上杉方を揺るがす大事件が起こったのである。

五十子陣の崩壊

景春の被官や長尾忠景に対して鬱憤を抱く者などのうち、景春に与同する者は日を追うにつれ増加し、武蔵・上野・相模《さがみ》などで二、三千に及んだ。

文明九年（一四七七）正月、景春は決起して五十子陣を急襲するが、それにあたって、五十子陣に出入りする商人の往復通路を指し塞いだという。兵粮補給を断っておいたわけである。道灌は景春に才覚がないと評価していたが、二、三千の与同勢力が集まったことといい、戦略といい、けっして侮れない人物だったことがわかる。

景春が反逆することを予想していなかったとすれば、顕定・忠景・定昌や扇谷上杉定正、岩松家純らはあまりにも呑気だったということになるが、急襲されてほどなく五十子陣が解体したところをみれば、おおむねそういうことだったのだろう。

上杉方諸将は散り散りに逃走した。総大将顕定は上野阿内《あうち》（群馬県前橋市）に陣を構え、上杉定昌は同国白井城《しろいじょう》（同渋川市）、岩松家純は同国金山城（同太田市）に籠もり、扇谷上杉定正は同国細井口（同前橋市）に張陣した。また、勝利を得た景春は深追いせずに鉢形城に引きあげた。

景春は、道灌に対し、大石石見守《おおいしいわみのかみ》らを使者として送り、これからのことについて意見を求めた。もちろん道灌が一度は自身の退治を提言していたとは知らなかったのだろうが、道灌も素知らぬ様子で考えを述べた。

すなわち、このまま鉢形城に籠もっていてはよろしくないので、他国へ退いて今後問題行動を起こさないので赦免してほしいと懇望すれば、道灌も口添えする、他国へ退くのが叶わないようならば、相模に移り当方を頼ってくれれば取り次ぎを引き受けるとしたのである。

だが、使者大石は納得しなかった。考えてみれば、このたびの戦いは景春方から仕掛け、しかも勝利してしまっているのであり、仕掛けられた側からすれば、勝手に攻撃しておいて今後は問題行動は起こしませんので許してくださいなどと言われても訳がわからない話であろう。景春方としても、そのようなトンチンカンな話を持ちかけるわけにいかないことは十分理解できる。

ここで景春が欲しかったのは、道灌が味方についてくれる約束だっただろう。道灌が駿河から帰還後も五十子に参陣しなかったのをみて、上杉方への不満ありと感じたことは想像に難くない。道灌にしても、それは十分に受けとめつつの回答だった。言外に景春方には立たないことを伝えたのである。それでも道灌は穏便な解決を模索した。顕定に、まずは帰還して景春との関係を修復するようにとの使者を送ったのだが、顕定からは景春との関係は断ち切るとの返答があった。道灌の調停策はまたも失敗し、上杉方と景春党との対決は不可避となったのである。

道灌、南へ北へ

長尾景春の乱に関しては、太田道灌状という長文の文書に依存するところがきわめて大きい。ここまでの記述もそうである。

この文書は現存するのは写しでしかも前欠だが、個別の武士たちの処遇に関わる要望、景春の乱勃発以前から乱中における自身や配下の活動、諸将の功績などを述べている。山内上杉顕定家臣の高瀬《たかせ》民部少輔《みんぶのしょう》充てだが、実質顕定に充てたものである。十一月二十八日付で、年次は文明十二年（一四八〇）と推定される。

道灌本人がその活躍を語っているわけで、全面的に信じていいのかという問題はあるが、いまのところ言及されている戦いの有無や、それらの勝敗の帰結など、基本的事実については、信じてもよいだろうということになっている。そこで、以下でも可能な限り、道灌状に基づいて乱の推移をみていく。
扇谷上杉氏が武蔵で重要な拠点としていたのは、江戸城（東京都千代田区）・河越城《かわごえじょう》（埼玉県川越市）だったが、景春に味方する豊嶋《としま》勘解由《かげゆ》左衛門尉《さえもんのじょう》・平右衛門尉《へいえもんのじょう》兄弟は、その中間に石神井《しゃくじい》城・練馬《ねりま》城（いずれも東京都練馬区）を構え、通行・連絡を困難にした。

21―石神井城跡

道灌は、まずこの状況を打開するために相模の軍勢を率い、文明九年三月に両城を攻撃しようとしたが、大雨で多摩川が増水して渡河困難となってしまい、計画は中止となった。

そこで、道灌は方向を転じ、相模の景春党を掃討することとした。景春の被官人溝呂木《みぞろぎ》という者が、自身の在所に要害をこしらえ、同じく被官人越後五郎四郎は小磯（神奈川県大磯町）に山城を構え、景春傍輩の金子《かねこ》掃部助《かもんのすけ》は小沢（同愛川町）に要害を成していた。

道灌が三月十八日に攻撃を開始すると、溝呂木の要害は自火により労せずして落ち、引き続いての攻撃で同日夜には小磯要害の越後も降参した。その後、小沢要害の攻撃に移ったが、こちらは抵抗が頑強で長期戦となった。

扇谷上杉氏の主力は当主定正とともに上野に在陣していたので、道灌が動員できる軍勢は手駒不足だった。そうしたなか河越城・江戸城の守備にも人員を割り当てなければならなかった。そこへ景春党の吉里以下が小沢要害の後詰めのために進攻して府中《ふちゅう》（東京都府中市）に陣を取り、小山田らを打ち散らしたため、相模方面は容易ならざる情勢となった。

さらに、景春党の矢野兵庫助《やのひょうごのすけ》以下が河越城に圧力をかけるため苦林《にがばやし》（埼玉県毛呂山町）に張陣したが、ここは河越城の軍勢が四月十日に出撃して敵勢を勝原（同坂戸市）に誘い出し、勝利を収めた。

四月十三日、道灌は江戸城を出撃し、要地を押さえる豊嶋氏を攻撃した。豊嶋勘解由左衛門尉・平右衛門尉兄弟は石神井・練馬城から迎撃し、江古田原《えごたはら》（東京都中野区）で合戦となったが、道灌方が勝利し、平右衛門尉は討ち死にした。翌日道灌方は勢いに乗って石神井城を攻撃し、十八日、勘解由左衛門尉はかなわぬとみて和睦を申し入れた。

道灌は石神井城破却を条件としてこれを受け入れたが、豊嶋方が一向に実行しないので二十八日に至り、外城《そとじろ》を攻め落としたところ、勘解由左衛門尉は何処へともなく落ち延びた。また、十八日には相模小沢要害も陥落していた。

こうして、道灌は行動を起こして一か月あまりで相模と南武蔵の景春党を撃破することに成功したのである。

道灌が相模・南武蔵で奮戦していた頃、上野に退いていた顕定・定正らもようやく体勢を立て直してきた。両者は五十子陣を立て直すべく利根川を越え、道灌も合流したが、景春はその動きを察知し、上野の軍勢を率いて五十子・梅沢（埼玉県本庄市）に張陣した。長尾忠景は、梅沢は難所であるので攻撃するのはよろしくないと述べたが、道灌は次郎丸の地から攻め上り、鉢形城と敵陣営との間に軍勢を割って入れる威嚇をすれば、敵方はつられて動いてくると考えた。

足利成氏の進出

文明九年（一四七七）五月十四日の明け方、道灌が忠景に相談せずに出撃すると、忠景からあれこれと文句をつけてきた。道灌は、顕定らの清水河畔（埼玉県上里町）の陣が、後方が大河、前方が岡という場所だから、留まり続けては難儀と考えたのだと返答して取り合わず、次郎丸へ攻め上った。

これをみて、景春方は鉢形城へ引きあげようとしたが、道灌は用土原《ようどはら》（埼玉県寄居町）で戦いを仕掛け、激戦の末、勝利を得た。景春方は鉢形城を放棄して富田（同前）に張陣し、成氏方に助勢を願い出た。

成氏としては、正月に五十子陣が崩壊した時が、まさに絶好の機会だったはずだが、にわかには様子がわからず、情報などを集めているうちに出遅れた感がある。この点、景春が一気に勝利を得ようと策を練っていたならば、あらかじめ成氏と連絡を取っていそうなものだったが、前述したように、景春は五十子陣を崩壊させた後、今後のことを道灌に相談しているありさまだった。

成氏が数千の軍勢を率いて発向してきたため、上杉方も撤退を決めた。問題は顕定・定正の具体的な行き先で、両者がそれぞれ河越城・江戸城にとか、顕定は上野、定正は河越城にとかの意見が出たが、道灌は両者とも上野へと進言し、結局そうすることに落ち着き、顕定・定正は白井城に退いた。

この頃、新田岩松家純が成氏方と連絡を取り、松陰が使者として古河城に赴いて服従を許されている。享徳《きょうとく》の乱勃発以来活躍していた岩松家純の寝返りは大きく、成氏方の攻勢と併せ、景春の乱鎮圧目前でふたたび上杉方は危機的状況に陥った。

成氏方は滝・島名（群馬県高崎市）に張陣し、白井城の上杉方との睨み合いの状態が続いたが、顕定は東上野に出陣して少々の敵領を奪えば、成氏方は軍勢を分割してくるか、成氏自身が出撃してくるだろうから、そこをたたけば勝利できるとして、九月二十七日白井城から出陣した。

道灌は、顕定自身の出陣を引き留めたが聞き入れられず、片貝《かたかい》（群馬県前橋市）まで軍勢を進めることとなった。十月二日、道灌が荒巻・引田（同前）あたりを見廻っていたところ、景春の軍勢が成氏方とともに攻め寄せてきた。

道灌は塩売原（群馬県前橋市）に陣取って睨み合いとなったが、一か月あまりを経た十一月十四日、景春勢は退散した。道灌は好機とみて追撃を図ったが、離れた場所にいた長尾忠景の軍勢を待っている間に機会を逃すこととなり、「無念」の思いをした。

その後、上杉方は漆原《うるしばら》（群馬県吉岡町）に張陣し、太田道真は顕定と相談して保戸田《ほどた》（同高崎市）に進出した。

成氏と上杉方との和睦

十二月二十三日、成氏は滝の陣を出て、観音寺原《かんのんじはら》（群馬県高崎市）を通り広馬場《ひろばば》（同榛東《しんとう》村）に張陣した。これを知った道灌は、国分《こくぶ》（同高崎市）に軍勢を回して敵陣の背後を突けば勝利は疑いないと主張したが、越後衆に反対され、実現しなかった。

上杉方は水沢（群馬県渋川市）・白岩（同高崎市）の麓に張陣し、成氏方と睨みあう形勢となったが、大雪に見舞われ、決戦には至らなかった。そうしたなか、年が明けた文明十年（一四七八）正月朔日、上杉方の使者長井左衛門尉・寺尾上野介が成氏の宿老簗田《やなだ》持助《もちすけ》と連絡を取り、和睦の交渉が進んだ。戦いが長期化し、双方ともに疲弊していたわけだが、上杉方は幕府と成氏との和睦を仲介することを条件に、和睦を申し出たのであった。

成氏は享徳の乱勃発当初より、幕府に敵対することは避けたいと思っており、上杉方の条件を受け入れやすい状況にあった。上杉方も長尾景春と成氏の両方に対し続けるのは、物理的に苦しいという事情があった。もう一点つけ加えれば、とくに山内上杉氏側として、景春反乱以後、扇谷上杉氏家宰の道灌が発言を強めてきていることに危惧の念があったのではないか。このあたりで「平和」を現出することが、成氏・上杉方双方に求められてきていたのである。

翌正月二日、和睦交渉がまとまり、四日、成氏方の結城《ゆうき》・宇都宮《うつのみや》らが陣を払って引きあげた。五日には成氏方の城郭などは自火によって始末され、成氏自身は成田《なりた》(埼玉県熊谷市)に陣所を移した。

これにより、上杉方は成氏・景春の連合勢力と対決する最大の危機を逃れた。これ以後、成氏との和睦は尊重しつつ、景春党の撃退に専念していくことになる。ただ、成氏は直接上杉方と戦うことは停止したが、成田で状況を注視していく。景春が優勢になればどのように動くか、予断を許さないものがあったのである。

2 都鄙和睦

武蔵・相模の戦い

成氏方との和睦成立後、道灌は父道真と相談して主君の扇谷上杉定正を促し、文明十年(一四七八)正月二十四日、河越城に移った。早くもその翌日、道灌は動いた。前年四月、道灌に敗れて行方知れずだった豊嶋勘解由左衛門尉が平塚城(東京都北区)に拠っており、それを攻撃しようとしたのである。

道灌の来襲を察知した勘解由左衛門尉は平塚城を脱出し、道灌の軍勢が追撃したところ、小机城《こづくえじょう》(神奈川県横浜市港北区)まで逃れ、立て籠もった。そこで包囲をしていたところ、景春が活動を再開した。

景春は浅羽《あさは》(埼玉県坂戸市)に軍勢を進め、景春与党の大石駿河守は二宮《にのみや》(東京都あきる野市)に張陣して小机城の勘解由左衛門尉を援助しようとしたのである。

これに対し、三月十日、河越城から定正と道真が出撃して浅羽の景春を破り、景春は成田の成氏のもとへ逃げ込んだ。さらに、景春は成氏方の千葉孝胤と語らって出撃し、羽生峯《はにゅうみね》（埼玉県羽生市）に陣を取った。そこで、三月十九日、道灌の弟資忠《すけただ》の軍勢が小机包囲陣から河越城に駆けつけ、二十日に定正がともに羽生峯に向かうと、景春・孝胤は一戦も交えずに成田へ退散した。このように、成氏はみずから動かなかったとはいえ、景春を庇護し、麾下《きか》の武将も景春とともに戦うなど、景春との協調関係は維持していたのである。

上杉方としては、油断のならない成氏にも注意を払わねばならなかったが、道灌らの行動は迅速だった。

四月十日、小机城はついに陥落し、豊嶋勘解由左衛門尉の消息はこの後つかめなくなる。秩父平氏《ちちぶへいし》の名族豊嶋氏は事実上ここに滅亡したのである。さらに道灌は二宮城の大石駿河守、相模の磯部（神奈川県相模原市）の城々を降服させ、またも小沢要害に籠もっていた金子掃部助はみずから要害を放棄した。これらの残党が相模の奥三保《おくさんぼう》（神奈川県相模原市）に立て籠もると、道灌は村山（東京都武蔵村山市・瑞穂町）に陣を進め、弟の資忠らに奥三保を攻撃させた。

六月十四日、本間《ほんま》近江守《おうみのかみ》・海老名《えびな》左衛門尉《さえもんのじょう》・甲州住人加藤、そのほか「国境者共」が語らって資忠らの陣を攻撃したが、資忠の活躍もあって撃退に成功した。この知らせを夜中に村山陣で受けた道灌は、ただちに出撃して甲斐《かい》に侵入し、加藤要害（山梨県上野原市）を攻撃、鶴河（同前）あたりに放火した。

こうして武蔵・相模の景春与党は、いったんなりを潜めることになったのである。

追い込まれる景春

成氏は、景春方の相次ぐ敗戦をみてようやく方針を固めた。景春を見捨てることにしたのである。

文明十年（一四七八）七月十七日に道灌が鉢形城と成田との間にあたる地で陣を取っていたところ、夜中に成氏宿老の簗田持助が早馬の使者を遣わしてきた。その言い分は、上州で和睦を結ぶことができたが景春が近辺にいて難儀をしているから軍勢を遣わしてほしいとのことだった。

要するに成氏としては和睦を遵守しようとしているのに、景春が近辺をうろうろしているので思うに任せないから何とかしてほしい、ということである。景春との協調関係を解消しなかったことを棚に上げ、何とも鉄面皮の言い草ではあるが、捨て置くわけにもいかず、道灌が十八日未明に景春の陣へ向かったところ、景春は退散し、その隙に成氏は利根川を渡り、古河へ帰座した。

この後、上杉方では総大将顕定の居所をどこにするかが議論され、長尾忠景らに異論があったものの、道灌の提案が採用され、鉢形城に決定した。かつて景春が本拠とした城だったが、要地であることを道灌は把握していたわけで、道灌状の中で鉢形城を勧めた功を自画自賛している。

ついで道灌は、景春の有力与党である千葉孝胤の討伐に向かった。これには、孝胤が千葉氏庶流で本宗家の地位を簒奪した馬加康胤《まくわりやすたね》の系譜を継いでおり、一方、康胤に滅ぼされた嫡流胤直《たねなお》の甥実胤《さねたね》・自胤《これたね》が上杉方である事情も絡んでいたと思われる。

十二月十日、下総境根原《さかいねはら》（千葉県柏市）で上杉方と孝胤方との戦いが行われ、上杉方が勝利を得た。敗れた孝胤は翌文明十一年臼井城（同佐倉市）に籠もり、上杉方は同城を包囲した。道灌は総大将の顕定に出陣を要請したが、なかなか実現せず、長陣となった。

だがしばらくして下総の海上師胤《うなかみもろたね》、上総《かずさ》の武田《たけだ》信高《のぶたか》・信興《のぶおき》らが上杉方に帰服した。そこでこれらの成果にとりあえずは満足して陣払いしようとしていたところ、七月十五日臼井城の城方が打って出てきた。これに応戦した上杉方は、道灌の弟資忠らが討ち死にするなどしたものの、臼井城を落とすことに成功した。孝胤は逃亡し、長陣の疲れから上杉方は追撃できなかったが、上総・下総の景春与党も逼塞《ひっそく》することとなった。

22—千葉氏系図

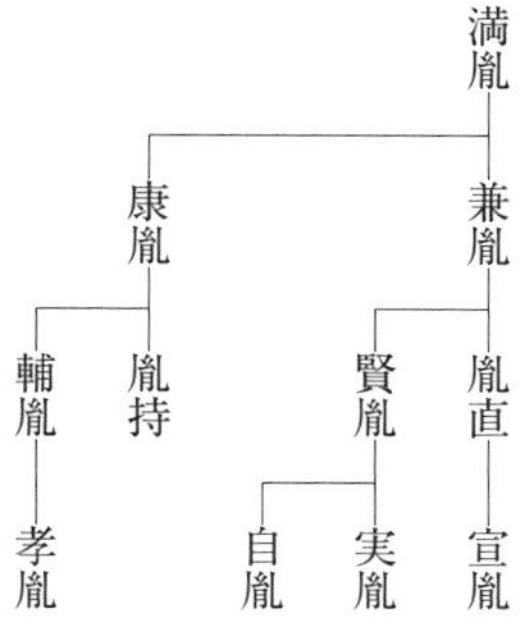

それでも景春は諦めなかった。九月、長井城（埼玉県熊谷市）に移り、ついで秩父（同秩父市）に籠もった。両所を拠点としての敵対行動の表明である。

長尾忠景は、まず秩父を退治することを主張したが、道灌は長井城攻撃を提言し、結局道灌の提言が採用された。そこで道灌は十一月二十八日に江戸城を発ち、長井城へ向かったが、忍城《おしじょう》（埼玉県行田市）で雑説があるとの情報に接し、久下《くげ》（同熊谷市）に陣を寄せて成田下総守を援助した。

翌文明十二年正月四日、景春は児玉（埼玉県本庄市）で蜂起した。道灌と主君の扇谷上杉定正は軍勢を率い、景春の陣を夜襲したところ、景春は秩父へ退散した。さらに、同月二十日、景春は越生《おごせ》（同越生町）へ出張したが、道灌の父道真が迎え撃ち、撃破した。

その後、道灌は大石氏らと協力して長井城を落とし、景春の籠もる秩父へ向けて進発した。景春党ももはや風前の灯火の形勢となったのである。

景春の乱の終結

ところが、この重要な時に、古河公方《こがくぼう》成氏がふたたび景春支持に回ったとの情報が、上杉方にもたらされた。

成氏と上杉方との和睦は、幕府と成氏との和睦＝都鄙《とひ》和睦のために上杉方が尽力することを条件としていたが、一向に上杉方が動こうとしないので、成氏はかなり焦れていたとみられる。そこへ景春が都鄙和睦仲介を持ちかけてきたため、上杉方との和睦を反故にして景春支持に変心したのである。

この情報は、当然ながら上杉方を動揺させた。道灌は景春の拠点である日野要害（埼玉県秩父市）は後回しにして、武蔵国内の安定化に努めるべきなどと顕定に進言したが、同意を得られなかった。

五月になると東上野で成氏方の勢力が蜂起したので、道灌はそれを打ち散らした後、いったん武蔵南部での不穏な動きに対処するために江戸城に戻り、またすぐに高見（埼玉県小川町）へ取って返し、さらに軍勢を集めて利根川端に陣を進めたところ、東上野の敵は退散していった。

道灌はこれを好機とみて、利根川を越えて追撃することを長尾忠景と相談した。忠景は、はじめ同意して出撃の日限まで決定したが、急に自分は行かないと言い出したため、機会を逃してしまった。このいきさつについて、六月十三日、道灌は秩父陣の顕定のもとを訪れて報告したが、埒はあかなかったようである。顕定はあくまで日野城を落とすことに固執し、道灌にそれを命じた。道灌もいろいろ不満はあっただろうが、顕定の命令に従い、ついに日野城は陥落して、景春は成氏のもとへ逃亡した。

ここに大勢は決し、文明九年(一四七七)正月の五十子陣崩壊以来、足かけ四年にわたって続いた景春の乱はほぼ終結した。景春は完全に没落したわけではなく、これ以後もしばしば蜂起するが、ここまで上杉方を揺るがしてきたほどの影響力を発揮するには至らないのである。

都鄙和睦の過程

景春党がほぼ鎮圧されたとしても、関東の戦乱が収束するには幕府と成氏とが和睦する必要があった。前述したように、ここに至るまで幕府との和睦が一向に進まなかったため、成氏はかなり焦れていた。上杉方としても、成氏との約束を履行しなければまずいことになるのはわからないわけではなかっただろうが、景春との戦いに追われていたことや、顕定にせよ定正にせよ幕府とのパイプがなかったことが、渋滞をもたらしていたのであろう。

そこで成氏は景春を仲介として幕府と和睦を進めることを画策したわけだが、景春の地位・身分を考えれば、成氏の側から積極的に景春を登用したとするのは難しそうである。やはり、上杉方の攻勢に追い込まれていた景春が、成氏の支持を取りつけようとして持ちかけたのではないか。

景春が関わり、成氏側から幕府に和睦を働きかけた文書は六通知られている。これらはすべて文明十二年（一四八〇）に比定される書状で、日付は二月二十五日が二通、三月二十日が二通、十月八日・十月二十一日がそれぞれ一通である（以下、人物に関しては杉山二〇一八）。二月二十五日のものは、成氏が幕府の重鎮である細川政元《ほそかわまさもと》、景春が小笠原備後守《おがさわらびんごのかみ》に充てており、小笠原備後守は細川氏内衆《うちしゅ》と推定されている。景春の身分からは直接政元を充所にできなかったのであり、後者も実質的には政元充てということである。

三月二十日のものは、堀越公方府《ほりごえくぼうふ》の執権犬懸上杉政憲《いぬかけうえすぎまさのり》が細川政元に、沙弥信照《しゃみしんしょう》がやはり政元に充てている。沙弥信照については不詳だが堀越公方府で政憲に匹敵する人物の可能性を指摘する説もある。いずれにせよ、景春が古河公方とは対抗する立場にある堀越公方府の重鎮政憲を頼っているのは注目すべきだろう。

十月の二通は、八日付が成氏から以浩《いこう》に、二十一日付が成氏の弟で鶴岡八幡宮若宮別当《つるがおかはちまんぐうわかみやべっとう》（雪下殿《ゆきのしたどの》）である尊儼《そんじょう》から大徳寺《だいとくじ》に充てたものだが、実質は以浩に充てたものである。以浩は京都大徳寺の高僧で、景春・政憲・信照らの書状をみると、成氏側の和睦交渉の使者とされたことがわかる。しかし、この十月の二通は、交渉が進捗しないことにしびれを切らした成氏・尊儼が、以浩に強く督促しているものである。

結局、この十月の書状が象徴的で、景春ルートの和睦交渉はまったくうまくいかなかった。これは景春が幕府とのパイプを有していなかった上に、身分も低かったということがあろう。成氏は二月の書状で、景春を「長棟名代《ちようとうみようだい》」と評している。長棟は、上杉憲実《うえすぎのりざね》の法名であり、幕府に信頼の篤かった憲実を持ち出して景春がそれに匹敵する人物であると細川政元（幕府）にアピールしているわけである。「憲実カード」がまだ有効であると、少なくとも成氏は考えていた点に驚かされるが、そうしなければならないほど景春による交渉に不安を覚えていたということであろう。景春は堀越公方府にまで頼って必死の努力をしたが、それが報われることはなかったのである。

しかも成氏は、景春から和睦仲介を持ちかけられる以前から、独自に和睦のため動いていた。それが越後守護上杉房定を通じたルートである。従来、景春ルートが機能しなかったため房定ルートに切り替えられたと見なされていたが、実は文明十一年から成氏は房定に働きかけていたという（杉山二〇一八）。これがなかなか動かなかったので焦れた成氏が、景春の持ちかけに乗ったということなのだろう。

たしかに、越後守護である身分といい、在京の守護家として幕府とのパイプを有していることといい、また関東管領《かんとうかんれい》山内上杉顕定の実父であることといい、都鄙和睦の仲介としてこれほどふさわしい人物もほかにいない。房定は、享徳の乱の前半では上杉方軍事力の柱であり、成氏にとってかなり疎ましい存在だっただろうが、すでに越後に帰国してから長く、感情的にも依頼はしやすくなっていたと思われる。

房定ルートが実際に動いたことを確認されるのは、文明十二年十月である。前後して結城氏広《ゆうきうじひろ》を介した動きもあったが、これも限定的だったようで、都鄙和睦へ向けて効果があったのは、房定ルートだけだったのである。

都鄙和睦の条件と実現

ひとたびパイプが通じれば、和睦を実現することには、もはや幕府も異存はなかったと思われる。幕府を混乱と分裂に陥れた応仁の乱も、とりあえず文明九年(一四七七)に終結していた。

問題となるのは和睦の条件だったが、ここには厄介なことがらがあった。堀越公方足利政知《あしかがまさとも》の処遇である。もともと出家していた政知を還俗《げんぞく》させ関東に派遣したのは、将軍義政《よしまさ》である。古河公方成氏が存続することになったからといって、用済みだから帰還せよというわけには、とてもいかないことは明らかだった。帰られても困るというのが本音でもあっただろう。

義政は、すでに文明五年に将軍職を嫡子義尚《よしひさ》に譲っていたが、この件についてはいまだ関わり続けていた。文明十四年十一月、義政は政知に不足がないようにすることを条件に、成氏の和睦懇望を受け入れることにした。具体的条件については、幕府政所執事《まんどころしつじ》伊勢《いせ》貞宗《さだむね》から、仲介にあたっていた上杉房定に知らされた。それによれば、伊豆《いず》一国を政知に進上することについて執り進めることを山内上杉顕定に命じるように、またとくに成氏から御料所《ごりょうしょ》(直轄領)を進上するようにとの房定の提案があり、義政が同意したとのことだった。

房定は、たんに交渉の連絡にあたっただけでなく、和睦の条件も提示していたわけである。その内容も、上杉方・成氏に一定の「痛み」を負わせつつ、政知の顔を立てる政治的配慮が行き届いており、まさに和睦の立役者であった。享徳の乱全体では、前半における軍事的貢献とも併せれば、道灌よりも活躍したといってよいほどであろう。

それにしても、堀越公方の意義は、何だったのか。当初期待された新鎌倉公方《かまくらくぼう》にはなることができず、軍事的求心力としては、成氏方からの寝返りを多少得る効果はあったが、あとは政知自身が前線に出ることはなく、これも期待外れだった。それどころか、上杉方とはうまくいかず、とくに相模では守護である扇谷上杉氏勢力とかなり険悪な関係にまでなった。前述したように、「お荷物」といわざるをえなかったわけだが、都鄙和睦にあたっては、処遇に悩まされることにもなったのである。

結局、守護管国の伊豆を差し出すことになった顕定と御料所を進上することになった成氏は面白いわけはなかったが、一方の政知も関東の支配者として君臨するはずが、わずか伊豆一国＋αを得るにとどまり、不満を残すことになった。

さまざまな火種はくすぶっていたが、ともあれ、三十年に及んだ享徳の乱は、ようやく収束をみることになった。この乱の位置づけは、本巻のまとめで行うとして、ここでは一点だけ指摘しておきたい。それは、都鄙和睦以後、成氏にしても跡を継いだ嫡子政氏《まさうじ》にしても、古河公方が政治的影響力を大きく失ったということである。古河公方の存在・意思と関係なく関東の社会が動くようになっていく。このことは、まことに大きな意味があったといえるのである。

一方、東日本の他地域をみると、享徳の乱収束を区切りとして変化が起きた様子は、とくにない。つまり、鎌倉府《かまくらふ》や古河公方に対する包囲網としての位置づけは解体しており、すでに独自の動きが始まっていたのである。そこでこのありさまについては、本章のおわりでまとめて述べることとし、いましばらく関東の状況をみていこう。

3 長享の乱

道灌謀殺

都鄙和睦により、「平和」が訪れた関東だったが、和睦成立から四年後の文明十八年（一四八六）七月二十六日、長尾景春の乱で大活躍した太田道灌が、あろうことか主君の扇谷上杉定正に謀殺されるという事件が起きた。

この年六月、道灌は詩作で知られた万里集九《ばんりしゅうきゅう》とともに、武蔵越生に隠棲している父道真を訪ね、数日過ごしてから本拠である江戸城に戻っている。それから一か月後に定正から扇谷上杉氏の相模糟屋《かすや》館《やかた》（神奈川県伊勢原市）に招かれて出かけた。当時、扇谷上杉氏は武蔵河越を本拠としていたが、そもその守護国である相模における拠点は糟屋館だった。

23—太田道灌墓（〈右〉神奈川県伊勢原市洞昌院、〈左〉同市大慈寺、伊勢原市教育委員会提供）　右は「胴塚」、左は「首塚」とされている。

ここで道灌は風呂屋で風呂の小口まで出てきたところを、曽我《そが》兵庫《ひょうご》なる者に太刀《たち》で切りつけられて絶命した。倒れながら「当方滅亡」と叫んだのは、同時代には有名な話だったという。

景春の乱で一大危機に陥った上杉方を、獅子奮迅ともいえる活躍で救った道灌が、なにゆえ主君によって殺されなければならなかったのか。古来さまざまに言い立てられており、いまだ定説をみない。

長享《ちょうきょう》三年（一四八九）三月、定正が曽我豊後守《ぶんごのかみ》に充てた書状の中で道灌殺害の理由を述べている。それによれば、道灌が山内上杉顕定に対して不義を続けていたので諫めたがおさまらず、ついに謀反を企てたので誅伐したのだという。だが、この定正書状は後世定正に仮託されて作られた疑いが強く（山田二〇一五）、信用できない。

また、顕定が扇谷上杉氏を攻撃するため、有能な家宰である道灌を除こうとして、定正に誤情報を吹き込んだとする説もある。

道灌が顕定に不満を持っていたとして、それが主君ではない顕定に対して「謀反」という形で暴発することは、筋違いの観がある。山内＝顕定と扇谷＝定正との対立については、道灌死後一年経つや経たずやのタイミングで両者の抗争が勃発しているところから、ありえない話ではないが、そもそもそうした対立関係があるならば、顕定からの情報を定正が鵜呑みにするのは不自然ではないか。

そうすると、これも少なからずいわれているところだが、実力が大きくなりすぎた道灌による「下剋上」を恐れた定正が、先手を打って道灌を倒したとの説が注目される。

道灌の人物像

ここで、道灌がどういう人物だったかあらためて考えてみよう。景春の乱にあたっての活躍をみるとき、その多くが道灌自身の言（道灌状）によることを割り引いたとしても、そうとうの軍略家であり、しかも抜群の行動力をもっていたことが知られる。

では理想的な指導者かというと、どうも首肯しがたい。それは、まず敵をつくりやすい性格であることがうかがい知れるからである。景春の乱における一連の活動を思い起こしてほしい。道灌はたしかに正論を述べていることは多いが、たとえば景春の処置などは、基本的に山内上杉氏の家における問題なのだから、道灌が意見を言うならばその点に配慮する必要はあっただろう。また、戦略・作戦においても、総大将が顕定であるからにはその家宰の長尾忠景は、表向きにせよ最大限に尊重すべきであった。それができずに、いわばずけずけと物を言う道灌は、能力は認められても疎まれる存在だったと思われる。傍輩はもちろん、上位者にも、である。

極言すれば、道灌には誰からも狙われかねない素地があった。「下剋上」であれ、ほかのかたちであれ、自身の地位を脅かしかねないとの気持ちになってしまえば、あとは機会があるかないかだったともいえよう。

道灌が死ぬ間際に「当方滅亡」と叫んだことは、江戸時代になってほどない頃、太田安房守資武《おおたあわのかみすけたけ》が、一族の太田備中守資宗《びっちゅうのかみすけむね》に充てた書状の中に、父資正《すけまさ》から聞いた話として出てくる。資正は道灌の弟資常《すけつね》の曽孫にあたる。

資武は「当方」を扇谷上杉氏と考え、自分を殺すような愚かしいことをしたからには、扇谷上杉氏も滅亡してしまうだろう、と道灌が予言したと理解している。道灌が優れた人物であるという見方と相まって、この理解は現在も主流だが、別の解釈もある。すなわち、「当方」を道灌自身のこととして、「当方滅亡」を「こちらの負けだ」とか「やられてしまった」とするものである（山田二〇一五）。

道灌が優秀だという先入観を捨てれば、案外そのくらいの意味だったかもしれないが、ただここで、道灌状をもう一度見直してみよう。そこに描かれている道灌の活躍は事実も多かったかもしれないが、一番強烈に印象づけられるのはそれらをアピールする道灌の自己顕示欲である。こうした人物であってみれば、自分のようなすぐれた家宰を殺してしまってはこの扇谷家もおしまいだ、と捨て台詞を吐くこともありそうである。予言とまで大層に考える必要はなかろう。

いずれにせよ、道灌は毀誉褒貶《きよほうへん》さまざまに評価されていた人物だったと思われる。もう一つつけ加えると、そうした評価のなか、自分が疎まれており、身の危険もあることに気づいていなかったのか、ということである。よほど鈍感だったのか、それとも疎まれても自分のように優秀な人物を失う損を招いたりすまいという自信があったのか。ますます複雑な人物像が浮かび上がる。

さらには、道灌の文化人としての側面もあるが、これについては後に述べよう。

山内・扇谷両上杉の抗争

扇谷上杉定正は道灌を謀殺した後、太田氏の家督を一族の六郎右衛門尉《ろくろうえもんのじょう》に継がせた（『年代記配合抄』）。道灌には嫡子源六資康《げんろくすけやす》があったが、父を殺しておきながら家督を継がせるわけにはいかず、別人である。道灌の弟資常の子息で資康誕生以前に道灌の養子になっていた人物ではないかとする説がある（北区史編纂調査会一九九六）。

資康や江戸城にいた太田氏家臣の多くは道灌謀殺に猛反発したが、扇谷上杉の軍勢が江戸城に向けて進撃してきたため、形勢利あらずとみて城を離れ、鉢形城の山内上杉顕定に助けを求めた。

顕定は都鄙和睦にこそ成功して一息ついていたものの、享徳の乱とその中で起こった景春の乱で消耗して勢力が減退していた。しかもふと考えてみれば、関東管領の重要な守護管国である武蔵のうち少なからぬ地域が、扇谷上杉氏に支配されてしまっているではないか。

このままでは関東管領を世襲する山内上杉氏が、もともとはそれほどの勢力でなかった扇谷上杉氏に圧倒されてしまうかもしれない。おそらくそうした危機感を顕定は抱いていたと思われる。何とかしなければいけないのだが、何の理由もなくとがめ立てをしたり、ましてや攻撃を仕掛けるわけにはいかない。

そこへ道灌謀殺が起き、嫡子資康が助けを求めてきたのである。顕定にとって、まさしく渡りに船であった。享徳の乱、とくに景春の乱で功績のあった道灌をゆえなく殺害し、「犠牲者」の子息が助けを求めてきたことは、扇谷上杉攻撃にこのうえない大義名分であり、顕定は上野白井に在城していた実兄定昌《さだまさ》と連絡を取りつつ、着々と戦争準備を進めていった。定正も指をくわえていたわけではなく、古河の足利成氏の支持を取りつけ、さらに成氏を頼っていたとみられる長尾景春も扇谷方として動き始めた。山内・扇谷両上杉が激突するのは、もはや時間の問題となりつつあった。

明けて長享元年（一四八七）十月に定正は江戸城の城壁を修理した。戦争に備えてのものであろう。

24―太田氏系図

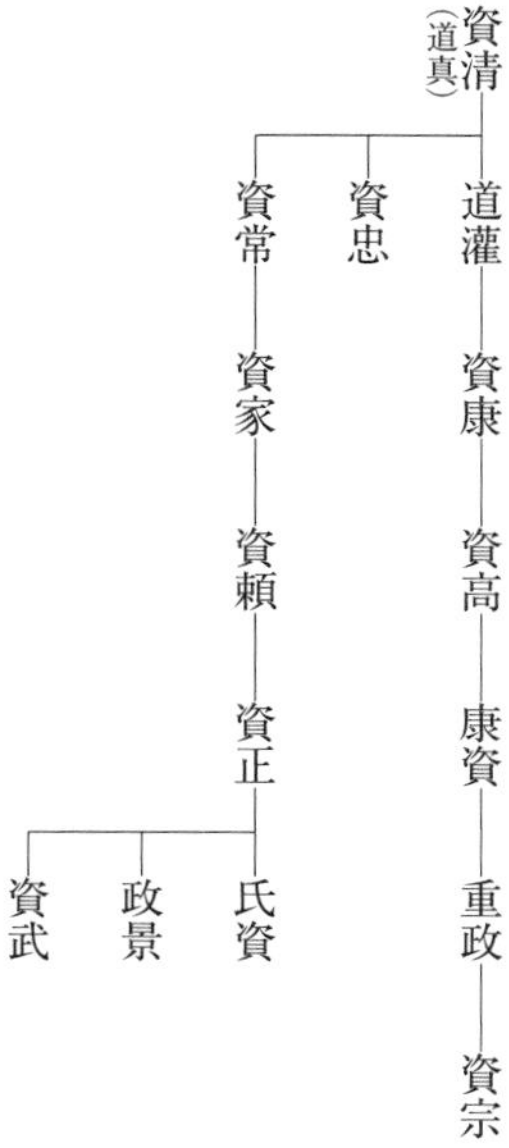

閏十一月、白井城の定昌から派遣された宇《う》佐美《さみ》新兵衛尉《しんひょうえのじょう》が下野勧農城《かんのうじょう》（栃木県足利市）を攻撃し、ついに戦端が開かれた。当時勧農城にいたのは、足利長尾氏当主長尾《ながお》房清《ふさきよ》だった。十二月には隣国上野に戦火が拡大し、扇谷方が山内方の善《ぜん》（群馬県前橋市）・山上（同桐生市）要害を攻撃したが、

撃退された。

翌二年二月、相模実蒔原《さねまきはら》（神奈川県伊勢原市）で両上杉の対戦があり、扇谷方が勝利したともいうが、定かではない。この後、定正の弟朝昌《ともまさ》が守備する相模七沢要害（同厚木市）を山内方が攻撃し、陥落させている。

また三月には、扇谷方が山内方の上野葛塚《くずつか》要害（群馬県前橋市）を攻撃したが、激戦の末、これも山内方の勝利となった。こうしてみると大勢は山内方有利に進んでいたようだが、同月、白井城の定昌が自害するという事件が起きた。背景には越後守護相続の問題があったともいうが、真相は不明である。

戦況の推移

長享二年（一四八八）六月十八日には、武蔵須賀谷原《すがやはら》（埼玉県嵐山《らんざん》町）で両上杉が戦った。双方に多くの死者が出る激戦だったが、勝敗は決しなかった。

八月十七日、万里集九が武蔵平沢寺《へいたくじ》（埼玉県嵐山町）の陣にいた太田資康と対面した。万里は道灌と深い交流があり江戸城に長らく滞在していたので、嫡子の資康とも知己の仲だった。両者の親しさを示すように、万里はここに一か月あまり滞在するが、その間、相模の三浦道含《みうらどうがん》（高救《たかひら》）・義同《よしあつ》父子とも交流している。

道含は扇谷上杉持朝《おうぎがやつうえすぎもちとも》の子で三浦氏に養子に入っていた。定正とは兄弟だったわけだが、義同の娘は資康の妻となっており、姻戚関係にあった。山内・扇谷のどちらにつくかは、父子にとって難しい選択だったと思われるが、結局山内方に与し、資康の近くに陣営を構えていたとみられる。東相模に大きな勢力をもつ三浦氏が山内上杉方についたのは、相模を守護管国とする扇谷上杉方としては痛いところだっただろう。

万里は、その後上野を経て越後に入った。上田荘（新潟県南魚沼市・湯沢町）、府中（新潟県上越市）などを経て能生《のう》（新潟県糸魚川市）に滞在していた万里のもとに、十一月二十一日、越後守護上杉房定からの使者が訪れた。

使者の伝えたところによれば、十一月十五日に武蔵高見原《たかみはら》（埼玉県小川町）で山内・扇谷の合戦があり、山内方が勝利し、太田資康もその陣中にいたという。これを聞いた万里は大いに喜び、祝いの詩を作った。そこでは山内方を「官軍」、扇谷方を「逆兵」と呼んでおり、万里が明確に山内方に肩入れしていることがわかる。いや、むしろ扇谷方を嫌悪しているといったほうがよいだろう。扇谷上杉定正は万里を手厚くもてなし、彼が江戸城を出る時もずいぶんと引き留めたりしたが、親しかった道灌を殺害された恨みはよほど深かったとみえる（万里についての詳細は第五章参照）。

この戦いには、足利成氏の嫡子政氏も扇谷方として出陣していた。山内上杉顕定は十一月二十三日付の書状で、越後上杉家臣中条定資《なかじょうさだすけ》に対し、横田（埼玉県小川町）に張陣している政氏の軍勢が十五日の合戦で多くの死傷者を出していると述べている。

以上の情報からは、高見原合戦での山内上杉方勝利がうかがわれるが、扇谷上杉方勝利を示す史料もある（『北条記』）。実際は双方ともに多くの死傷者を出し、決定的な勝敗には至らなかったと思われる。それを裏づけるように、以後しばらく大きな戦いは起こらなくなる。両上杉ともに、消耗した「体力」を回復する時間が必要だったのだろう。

翌延徳《えんとく》元年（一四八九）三月には定正の養子朝良《ともよし》が、顕定方の三浦氏を攻撃するためか相模三浦郡に侵入しており、ほかにも各地で戦闘は継続するが、雌雄を決するに至らず、同二年十二月に、両上杉間でいったんの和睦が成立したという。

駿河今川氏と遠江

前述したように、享徳の乱の収束は、東日本の他地域に特別な変化をもたらさなかった。さらにいえば、その後長享の乱が勃発しても同様だった。つまり、関東で何が起ころうが、少なくともそのために自律的な動きが規定・規制されることはなくなっていったわけである。前章では「包囲網の綻び」と表現したところだったが、もはや包囲網そのものが消滅していた。

ただし、自律的な動きの内容は、さらに独自性を強めるか、ほかとの連携・結びつきを求めるかなどさまざまだった。以下、その様相をみていこう。

まず、駿河今川氏の動向である。前述したように、寛正《かんしょう》六年（一四六五）頃から遠江《とおとうみ》今川氏の遠江における独自の活動が追えなくなるが、駿河守護今川義忠《いまがわよしただ》は、応仁の乱勃発後、遠江に進出していった。

遠江の守護は斯波《しば》氏だったが、義廉《よしかど》が西軍、義敏《よしとし》と嫡子松王丸《まつおうまる》（義良《よしすけ》、義寛《よしひろ》）が東軍に属し、分裂していた。今川義忠は東軍に属しており、応仁年間（一四六七〜六九）に東軍が擁する将軍義政から、義廉の軍勢と戦う三河《みかわ》守護細川成之《ほそかわしげゆき》・守護代《しゅごだい》東条国氏《とうじょうくにうじ》への協力を命じられた。これが義忠の遠江進出の直接的契機とみられ、義忠は戦功褒賞として遠江守護補任《ぶにん》を望んだようである。

ただ、義敏・松王丸の勢力があるため、義忠の望みがいきなりかなう可能性は低かったが、義忠としては遠江へ進出する口実ができたことが大きかっただろう。

文明五年（一四七三）十一月以降、義忠が遠江国への入部を図ると、吉良《きら》氏被官巨海《こみ》新左衛門尉《しんざえもんのじょう》と遠江守護代狩野宮内少輔《かのうくないのしょう》がそれを阻止しようとした。義忠はこれを打ち退けると、翌六年八月遠江国府中（静岡県磐田市）の狩野宮内少輔の城を攻撃し、十一月、宮内少輔を自害させた。宮内少輔は東軍方の守護代だから、この事件は東軍方の分裂を示している。むしろ、東軍・西軍の区別が意味を成さなくなってきていたといってもよかろう。

いったん勝利を得た義忠は、十二月に駿河へ帰還したが、翌七年横地《よこち》・勝田《かつまた》両氏が蜂起した。当初今川方は優位に戦いを進めていたが、抵抗を鎮圧するために義忠が遠征したところ反撃に遭って敗戦が続いた。そこで同八年義忠は駿河へ帰国しようとしたが、途中塩買坂《しおかいざか》（静岡県菊川市）で襲撃されて落命した。

嫡子の竜王丸《りゅうおうまる》はまだ幼く、一族の小鹿範満《おしかのりみつ》が家督に名乗りを上げ、それを支援する太田道灌と犬懸上杉政憲が駿府《すんぷ》へ乗り込んできた。一方、竜王丸の母北川殿の弟伊勢盛時《いせもりとき》も竜王丸を支援したというが、竜王丸成人まで範満が家督と決定した。

この混乱で今川氏の遠江回復はいったん頓挫し、駿河でも竜王丸派と範満派との不穏な状況が続くこととなった。

25—今川義忠墓所（静岡県菊川市正林寺、菊川市商工観光課提供）

越後・信濃の動向

ついで、駿河とともに鎌倉府への包囲網として幕府から重要な位置づけを与えられていた越後や信濃の状況をみていこう。

まず、越後である。越後上杉房定が享徳の乱で重要な役割を果たしたことは再三述べてきたところだが、これも前述したように、長期化する乱の過程で疲弊してきたのか、房定自身は関東と距離を置き、嫡子の定昌を派遣していた。

文明十四年（一四八二）の都鄙和睦で重要な役割を演じた房定は、官位昇進を望んで中央に働きかけた。莫大な費用と手間をかけ、文明十八年、房定は従四位下相模守という一国の守護としては破格の位階・官職を得た。もともと中央とのつながりが深かった越後上杉氏だが、ここで房定はさらにそれを重視したわけである。

これは逆にいえば、都鄙の政界で大きな存在感のあった房定が、足下の越後では基盤が意外に脆弱だったことを示している。実際、文明三年五月、毛利（安田）房朝、長享三年（一四八九）七月頃には本庄房長《ほんじょうふさなが》が反乱を起こしている。また、前述したように長享二年の定昌の自殺には越後守護相続の問題があったともいわれ、守護代長尾能景《ながおよしかげ》の影響も推測されている。

房定が守護権力の安定を得たのは、家宰長尾邦景《くにかげ》・実景《さねかげ》父子を排除したからだったが、その後、邦景の甥頼景《よりかげ》が家宰となり、子の重景《しげかげ》、その子能景へと引き継がれていた。系統が移動し、邦景ほどの専横はなかったものの、長尾氏の実力はやはり大きかったのである。

信濃では、応仁の乱勃発後、小笠原氏では松尾・鈴岡家が東軍、府中家が西軍に属した。文明五年、松尾家の家長《いえなが》（光康《みつやす》の子）と鈴岡家の政秀《まさひで》は、木曽家豊《きそいえとよ》とともに、将軍義政から西軍に属する美濃《みの》の土岐成頼《ときしげより》攻撃を命じられて出陣した。同七年には近江守護六角高頼《ろっかくたかより》の討伐、同十年にはふたたび土岐成頼討伐を命じられており、東ではなく西向きの軍事行動が期待されていた。義政にとって信濃は享徳の乱よりも応仁の乱に対応すべき国となっていたのである。

文明十一年、松尾家の家長・定基《さだもと》父子と鈴岡家の政秀とが抗争を開始した。この抗争では諏訪《すわ》上社大祝《おおはふり》諏訪継満《つぐみつ》が政秀を支援し、政秀は松尾家を従属させた。同十二年以降府中家の長朝《ながとも》は近隣の国《こく》人仁科《じんにしな》・西牧《にしまき》・山家《やまべ》氏らと抗争を展開した。

この後、政秀は府中へ攻撃を仕掛け、政秀が諏訪上社の支援を受けたのに対し、長朝には諏訪下社が味方した。さらに文明十四年頃からは諏訪上社内部で惣領家諏訪政満《まさみつ》と大祝家諏訪継満との対立が起こり、政満は長朝と、継満は政秀と結びついて抗争を続けた。

また、北信濃・東信濃では村上・高梨・井上・須田・海野・伴野・大井らの国人各氏が分立していた。応仁元年（一四六七）村上氏が海野氏を破り、同二年井上氏と須田氏、文明元年井上氏と高梨氏が戦い、同十一年には伴野氏が大井氏を破り、同十六年村上氏に攻撃された大井氏が大井城（長野県佐久市）から没落するなど、しばしば抗争が繰り広げられていた。

26—諏訪大社上社本宮（フォトライブラリー提供）

奥羽の秩序と変動

応仁の乱勃発以前、中央では斯波氏の本宗である管領家が衰勢に至っていた。当主の相次ぐ早世に加え、傍流から当主となった義敏が家宰甲《か》斐《い》常治《じょうち》との対立・抗争の末、将軍義政に追われて渋川《しぶかわ》氏から義廉が立つこととなり管領家は分裂、応仁の乱の一因となってしまったのである。

斯波氏の一族である奥州探題大崎氏《おうしゅうたんだいおおさきし》は、本宗家衰退の影響を大きく受けることとなったと思われる。管領家斯波氏は大崎氏と幕府との重要な取り次ぎ、パイプ役であったが、文明年間（一四六九～八七）には政所執事伊勢氏がこの役割を果たしており、大崎氏は伊勢氏と接近していったのである（黒嶋二〇一二）。

文明十五年、有力国人伊達成宗《だてしげむね》が上洛した。これは奥州探題職補任工作のためだったとされており、管領家斯波氏の衰勢が大崎氏のそれでもあったことがうかがわれる。また、出羽《でわ》庄内地域の国人大宝寺《だいほうじ》氏は、室町前期の当主たちは管領家斯波氏当主の偏諱《へんき》（実名《じつみょう》の一字）を受けていたが、寛正年間（一四六〇～六六）に大宝寺淳氏《きようじ》が幕府との連携を強化して以降、次の当主からは将軍家の偏諱を受けており、ここにも管領家斯波氏の衰勢が影響をみせている。

さらに応仁～文明年間（一四六七～八七）、大崎氏領の北に接する葛西《かさい》氏領内での抗争に大崎氏の家臣たちも巻き込まれ、大きな争乱となって、大崎・葛西両氏の間も不穏なものとなった。

それでもこの時、大崎氏は南部氏《なんぶし》（三戸南部氏か）を動員しており、一定の影響力を行使しえていた。先にみた伊達成宗の奥州探題職補任工作も、将軍義政や幕府要路に莫大な進物を贈ったにもかかわらず成功しなかったようであり、大崎氏を頂点とする旧来の秩序がなかなか堅固なものだったことがわかる。

だが、そのような大枠は大枠として、大崎氏の衰勢は否定できず、奥羽各地では国人たちの動きが進んで有力な者が台頭してきていた。旧来の勢力も加えると、北奥では南部氏、中奥では葛西氏、中・南奥では伊達氏、南奥では蘆名《あしな》・白河《しらかわ》・相馬《そうま》・岩城氏《いわきし》、出羽では小野寺《おのでら》・湊安藤《みなとあんどう》・大宝寺氏などが目を引くが、大崎氏や最上氏《もがみし》は当然領主としても存在している。大崎氏が以降もしばらく命脈を保ち、最上氏が戦国大名化を遂げるのは、領主として独自の活動があったからこそで、秩序の頂点に君臨していたからではないと考える。

奥羽では、伊達氏や大宝寺氏のように中央との連携を重視したり、大崎氏を頂点とする旧来の秩序が生き続けたりしていたが、それらも含みこんで、自律的な動きはたしかに進んでいたのである。

四　都市と村落の様相

1　寺社の自治

日本の中世において神仏がもっていた重みは、現代人の想像を超えるものがある。このことは、とりもなおさず寺社の占める社会的位置とも関わってくる。ここでは一僧侶による記録に注目し、権門寺社とそれに関わる都市の人びとのありさまをみてみよう。

鶴岡八幡宮と香蔵院珎祐

舞台となるのは鎌倉の鶴岡八幡宮《つるがおかはちまんぐう》である。同宮は周知のごとく、源頼朝以来東国の人びと、とくに武士たちの尊崇を集めていた。中世にはしばしば「鶴岡八幡宮寺」と史料に現れるように、神仏混淆の内実だった。

社務組織をみると、頂点にいるのは別当（史料には社務・雪下殿《ゆきのしたどの》・社家様などともみえる）で、そのもとに二十五坊二十五人の供僧《くそう》がおり、経営・運営の点では寺院の色彩が濃いといえる。供僧はさらに、改替後に別当の意思で任命できる進止《しんし》供僧（内方《うちかた》供僧）とそれ以外の外方《とかた》供僧とに分かれる。また、供僧の中から実務をとりまとめる執行《しぎょう》が一人選ばれることになっていた。このほか小別当や奉行人などの役職もあるが、基幹となるものとしては別当と進止供僧・外方供僧を押さえておいていただきたい。

27―鶴 岡 八 幡 宮

28―鶴岡八幡宮二十五坊跡の碑

別当は、足利成氏《あしかがしげうじ》の鎌倉帰還直前には、上杉《うえすぎ》方に擁立された弘尊という人物が務めていたが、成氏は鎌倉公方《かまくらくぼう》になると、弟定尊《じょうそん》を別当とした。これを関東足利氏が鎌倉公方・鶴岡別当として聖俗両界の支配を全うすることを意図したものと評価し、「公方—社家体制」とよぶ説もある（佐藤博信一九八九a）。

しかし、享徳《きょうとく》の乱が勃発して成氏が鎌倉を離れると、ほぼ同時に定尊は兄のもとに参陣し、七人の供僧と若干の奉行人も同行した。これに対し、上杉方は短期間某を別当に立てるが、長禄《ちょうろく》三年（一四五九）前別当の弘尊を復帰させた（佐藤博信一九八九a）。弘尊は鎌倉を退去した七人の供僧の名代を立てるなどして、組織を旧に復した。

先に一僧侶としたのは、外方供僧で香蔵院《こうぞういん》（香象院）院主の珍祐《ちんゆう》という人物である。珍祐は外方供僧の会議（衆会《しゅえ》という）の議事録を中心にした記録を、長禄から寛正《かんしょう》にかけて残しており、これを「香蔵院珍祐記録」あるいは題簽《だいせん》の記載に従って「当社記録」とよんでいる。鶴岡八幡宮ではこれに先立つ応永《おうえい》初年に、やはり外方供僧の衆会議事録である「鶴岡事書日記《ことがきにっき》」も記されていた。「鶴岡事書日記」の頃には進止供僧が十七坊、外方供僧が八坊だったが、「香蔵院珍祐記録」の頃になると、外方供僧は三坊にまで減少していた。

いずれの記録も、内部組織の別当・執行・進止供僧・外方供僧が複雑に絡み合う様相や、所領支配の問題、百姓たちのたたかい、武家との関わりなどを豊富に示してくれているが、時期の関係から、以下では「香蔵院珎祐記録」を中心に扱うこととなる。まずは、寺社の内側からみていこう。

「香蔵院珎祐記録」長禄三年(一四五九)十一月の記事によると、外方供僧の「当社記録」は、上中下三つの「彼籠」(これでカゴと読んだと思われる。以下では籠と表記しておく)に入れられていたという。これらの籠は一月ごとに交替する「月行事《がちぎょうじ》」の「会所《かいしょ》」に回されていた。

衆会と「彼籠」

以上のところから、外方供僧の会議である衆会は、一月ごとに担当者が交替する輪番制となっており、その担当者を「月行事」、担当者の坊(院)を「会所」と呼んでいたことがわかる。さらに、衆会の議事録や帳簿である「当社記録」は三つの籠に入れられて、その月の「会所」に保管されていた。これは、過去の議事録などが必要に応じてただちに参照できるようになっていたということだろう。

外方供僧の会議の輪郭がうかがえる部分である。長禄四年九月の記事には、進止供僧の籠は貞治《じょうじ》年間(一三六二〜六八)からの記録を入れ、外方供僧の衆会を学んで一月ごとに(月行事の会所を)回しているとあり、進止供僧の衆会も同様のやり方だったことがわかる。

また、同月の記事には、進止供僧の籠をめぐるもめ事が載せられている。すなわち、前月八月の月行事は如意院慶運《にょいいんけいうん》で、九月は増福院快胤《ぞうふくいんかいいん》に決まっていたが、紛糾している案件の関係で、慶運は快胤を飛び越して次の月行事に籠を渡してしまった。九月一日になっても籠が回ってこなかったため、快胤は珎祐も含む五、六人の供僧と図り、二日如意院に押しかけて籠を奪取することを決めた。これを耳にした慶運は驚いて社務（別当）を頼り、一日夜社務に籠を進上した。そこで、二日朝社務は快胤に籠を渡して何とか解決したのである。

この一件からは、過去の議事録など（を入れた籠）がなければ、衆会を開催できないほどの意識が供僧にあったことが知られる。それゆえに快胤は仲間を募って実力行使に及ぼうとしたわけである。さまざまな案件で、過去に同様の問題はなかったのか、あった場合どのように処理されているのか、証拠となる記録はあるのかなど、つねに参照されていたことがわかる。

これはとりもなおさず、「先例」がたいへん重視されていたということである。日本の中世社会全般にわたる「先例」主義は、つとに指摘されていることだが、ここ鶴岡八幡宮の衆会でも同じありさまが確認できるのである。

「悪党」事件

ところが、長禄三年（一四五九）十二月十六日の夜、「悪党盗賊」が当月会所の相承《そうしょう》院《いん》に「夜討入」をし、記録が入った上中下の籠のうち中下の籠が奪われてしまった。上の籠は残されていたが、これも切り散らされていたので、弥祐は事件現場の相承院へ出かけ、散らばっている記録を集めて、修理した籠に収めた。それでも、古来近年の多くの記録が失われてしまった事態に、弥祐は「言語道断次第」と憤り、このようなことになったのは相承院の院主勝誉《しょうよ》に「無沙汰」＝手抜かりがあったからだ、と述べている。

たしかに、のちにふれるが各寺院には少なからぬ従者がいるわけで、「悪党盗賊」は「夜討入」したというのだから、ひそかに侵入したのではない。双方にどれだけの人数がいたのかわからないが、むざむざと重要な籠を奪われてしまったのは、弥祐にしてみれば手抜かりにほかならなかったのである。

なお、翌年二月相承院勝誉は失われた籠二合のうち一合を発見してきた。ただし、中に収められていた記録はなくなっており、弥祐は「無曲次第」＝けしからぬことだ、と述べている。さらに、閏九月には失われていた「分田帳《ぶんでんちょう》」（所領支配の帳簿）が少々発見された。しかし、やはり古来の記録は少々失われていた。それぞれ「少々」という表現が用いられているが、後者はどちらかといえば「かなり」というニュアンスのようにみえる。ともあれ、「分田帳」は籠ごと見つかったらしく、元のごとく籠は「三合」になったので、修理が香蔵院で行われた。

「悪党盗賊」たちも、よりによって文書が大量に収まった籠を盗んでどうしようとしたのだろうか。もちろん当時紙は貴重品だったから、大量にあれば需要はあったと考えられるが、あまり効率がよい盗みだったとも思えない。籠のほかにも被害があったのかもしれないが、弥祐にとって重大で記憶しておくべきものが籠ということだったのか。いささか腑に落ちない事件ではあった。

この二月には、別の「悪党」に関わる事件も起きている。すなわち、これ以前に小別当の内者である彦太郎という下部《しもべ》が、社頭の部屋に俵を置いていたところ、いつのまにか「悪党」が侵入してそれを盗んでしまっていた。このことが発覚したところ、盗まれた俵は仁木方被官《ひかん》の田中という者から預かっていたとのことで、田中は社頭に乱入して供僧の「壇所」「部屋」に入って捜索すると言い出した。さすがに供僧が盗人とは思わなかっただろうが、供僧の関係者に盗人がいるのではないかと疑っているわけである。

別当と供僧

田中はこれにあたって太田方《おおた》（道真《どうしん》もしくは道灌《どうかん》）の「内者」（被官）を間に立て、社務（別当）執行へ言い分を伝えると、社務執行は供僧に相談もなく「もっともだ」と同意し、二月二十二日に別当の「内者」らも立ち会った上で、供僧の「壇所」「部屋」を残らず捜索させた。

結局、俵は見つからなかったようだが、収まりのつかなかったのは供僧たちである。「これは、別当が供僧を「悪党」とみなしたことだ。どうしてこのようなことを認めたのか」と、弥祐は怒りを露わにしている。また、こうも述べる。「当社草創以来、別当が供僧を悪党とされるようなことは前代未聞である」「別当は社頭を管理するが、「西壇所・座不冷《ざさまさず》壇所・護摩《ごま》壇所・下宮《しものみや》之通夜壇所」の四壇所は供僧二十五人が管理するのであり、今回のような場合、別当は供僧に諮り、供僧の衆会の結論を聞くべきなのにそれをせず、捜索に同意するなどとは言葉にできないひどいことだ」と。

弥祐は別当が知らなかったらしいとの情報も得たようだが、「たとえ別当がご存じなくて供僧に諮らなかったとしても、間をおかず捜索に同意してしまい、ただちに乱入を招いてしまって衆会は行えなかった」と、重ねて別当の行為を批難している。

この件は、月をまたいだ三月四日、宮下部二人が社家奉行《しゃけぶぎょう》と思われる新太夫という人物に召し捕られて「検断所《けんだんしょ》」に拘禁され、新展開をみせた。すなわち、執行から衆会を開くように要請があったため、外方（おそらくは進止も）で衆会が開かれたが、外方では、こういう展開がなくても太田方に経緯を説明するべきだったが延引してしまっていた、このうえは供僧二人を太田方が赴いている河越（埼玉県川越市）まで派遣するように別当から指示してほしいという話が出た。その場合路銭などの負担を各自がかぶらなければならない問題があるが、すでに別当が供僧を「悪党」とみなしており、このたびの経緯を太田方に説明しなくては別当・供僧のあり方が問われることになるから負担を押してでも派遣するべきということになっている。

こういう展開がなくても、というが、外方供僧は明らかに容疑者が出たことによって強気に出ており、経緯の説明とは別当の不行き届きを含めたことになろう。

ところが、このことを執行に伝えたところ、執行は、進止供僧の衆会では別当に任せるという結論になったことを知らせてきた。別当と供僧との間には隔たりがあるが、やはり進止供僧は別当の一存で任命されるものであり、別当寄りであることは否めない。外方供僧の敵愾心《てきがいしん》ありありの姿勢とは対照的だといえよう。

結局、これによって太田方への供僧派遣は沙汰止みになってしまったようである。

右にみた外方供僧の衆会では、拘禁された下部二人についても、田中の主人である仁木方へ供僧二人を派遣するように指示してほしいと述べている。仁木方で何をするのか定かでないが、不調に終わった場合、拘禁している二人を解放したうえで、別当・供僧・社人・社官らは同心して宮中を閉門し、籠居する強硬手段に訴える案を打ち出している。仁木方への供僧派遣もなかったため、これは実現しなかった。

検断と強問・喧嘩

そこで容疑者二人の取り調べが進められることとなり、外方供僧は「強問」（拷問）を行うように別当へ要求し、別当も了承したために、三月六日、「水トヒニ強問」（水責めの拷問）が行われた。

これは、社家奉行・仁木方奉行双方立ち会いで行われたようだが、二人は何も白状しなかった。それどころか「この上に火問（火責め）等いかように尋問されても言うことはありません。この乱（享徳の乱）が始まって以後七、八年で宮の金物が数か度盗まれたり、質に入れられたり、売られたりしているのに、そのことは追及されず、彦太郎の物が盗まれたからといって科もないわれわれをこのような目に遭わせるのですか」と反論される始末だった。

奉行はさらなる拷問をすると言っていたが、なぜか三月八日になって二人は釈放された。金物を盗んだ人物の密告が絡んでいるようだが、詳細は不明である。

もう一つ、事例をあげよう。寛正二年（一四六一）正月四日、修正会《しゅしょうえ》に弥祐が杖にすがって出仕し、その杖を小法師《こぼうし》（下人《げにん》とも記す）に持たせたところ、等覚院《とうがくいん》の下人がその杖を奪い取り踏み折ってしまった。弥祐の下人と等覚院下人とが取っ組み合いとなって争っていると、今度は高木（鶴岡に仕える武士とみられる。社家奉公人の高水に比定する説がある）の下人が走り寄り、弥祐の下人が差していた刀を抜き取った。弥祐がこれを見とがめて「どうして刀を取るのだ」と言うと、高木の下人は「検断ノ内者」に刀を渡した。

弥祐が「こちらの下人が刀を抜いたならば、社頭内だから刀は「検断」が取り上げるべきだろうが、杖を取られた上に脇から刀を抜き取られたのだから、これは「悪党」の所業だ。したがって刀を返してほしい」と述べると、検断の内者は弥祐の下人に刀を返した。その後、高木が来たので、弥祐は事情を説明したが、高木は何も返答しなかった。

翌五日、「検断」の使者が弥祐のもとへ来て、別当が等覚院下人も弥祐の下人も「検断所」に拘留せよと仰っていると伝えた。弥祐は経緯を述べて断固拒否し、何度言われても同じことだ、と返答した。

十日、「検断」の使者がふたたび来て、弥祐の言い分を別当に伝えたところ、了解したとおっしゃったとのことだった。弥祐は等覚院が別当と一体であると疑い、別当の拘留命令が不当なので承知しなかった、「検断」は正直に披露したので神妙だったと記している。

喧嘩から合戦へ

とにもかくにもこれで騒動は収まったかと思われたが、翌月になり、さらに大きな事件に発展した。すなわち、五日、等覚院下人は別当の指示で等覚院から暇を出されたというので、弥祐は自分の下人に非はなかったが別当の顔を立て、やはり暇を出した。ところが、等覚院下人は高木の所で召し使われていた。そもそもこの下人は、等覚院で使われていた時も高木の所に置かれながら使われていたので、これでは暇を出されたことにはならない、法外なことだと弥祐は怒り、何度も高木に伝えたが承知されなかった。

そこで弥祐は別当にこの件を伝え、高木の所へ直接赴いて下人に暇を出すように言った。すると、高木の親類の「クリハラノ筑後《ちくご》」という人物が弥祐に向かって刀の柄に手をかけて抜こうとした。弥祐がこれを奪うと、今度は側にあった長刀を取り、弥祐の内者に切りかかったが、それを打ち落とされ、頭を打ちすえられた。

弥祐は、先に自分の下人が等覚院下人に顔を打たれていたのだから、これは「タイヤウ」(対揚。対等の意で、ここではおあいこのこと)であると言い捨てて帰ったが、高木方は大勢で香蔵院家へ押し寄せてきた。

弥祐もそれは予想していたので、内者たちに対して「敵は大勢でこちらは無人数だ。この上は院内に籠もって討ち死にを遂げてやろう」と述べた。すると内者一、二人が「内に籠もって討ち死にするのは残念です。外で迎撃して討ち死にいたしたい」と言って、総員が出撃することとなった。弥祐は内者たちを鼓舞するつもりもあったのだろうが、弥祐も内者たちも強烈な覚悟である。

弥祐方と高木方が睨みあい、互いに挑発の言葉を掛け合っていると、別当が来て宥《なだ》めたので、まず高木方は退いたが、弥祐方の内者はなかなか退かず、弥祐が促してようやく院内に入った。弥祐は「喧嘩」と記しているが、発端の下人同士の争いはたしかに「喧嘩」といえるとしても、ここでは弓矢を持ち出し、具足を装備するなどしており、もはや「合戦」に発展しようとしていた。

別当に同行してきた地蔵院《じぞういん》という人物が、「下囚人」（下手人《げしゅにん》と思われる。筑後の頭を打ちすえた者を指しているのだろう）を差し出すように要求したが、弥祐方の者たちは、弥祐が承知するはずはないと言い立てた。この後もいろいろ駆け引きがあり、弥祐はさんざん難渋したが、結局「下囚人」を差し出すこととなった。なお、この過程で別当は太田方の意見を聞いている。

都市と戦争

鶴岡八幡宮で起きたいくつかの事件をみてきたが、それらにあらわれた十五世紀後半の権門寺社、またそれが存在する都市のありさまはどのようなものだっただろうか。

本節のはじめに鶴岡八幡宮の運営組織の基幹が別当と進止供僧・外方供僧であることはふれた。だが、いくつかの事件をみるとそこには、実にさまざまな人びとが関わっていた。

別当や供僧のもとには多くの内者がいたし、社人のもとにも下部がいた。彼らはこまごまとした雑事の担当が日常の仕事だっただろうが、事が起こればそれぞれ仕えていたところの武力として活躍した。

この武力が必要になる場面は想像以上に多かった。考えてもみてほしい。東国中の武士の尊崇を集める権門寺社に「悪党」が「夜討入」を仕掛けてくるのである。しかもそうした敵は外部にいるとは限らなかった。弥祐の杖が奪われたことを発端とした弥祐方と高木方との諍《いさか》いは、高木方が攻め寄せて弥祐方が迎撃態勢をとり、あわやという局面に至った。八幡宮内部でも互いに武力行使の可能性があり、いわば危機と隣り合わせの状態だったのである。

武力行使に至らないまでも、盗みなどの事件は頻発していた。俵盗難事件で捕らえられた容疑者の宮下部は、八幡宮の「金物」が頻繁に盗まれたり、質に入れられたり、売られたりしていると言い立てている。

こうした状況が野放しになっていたわけではない。八幡宮には、宮内での犯罪を取り締まる「検断」という役職があり、容疑者・犯人の拘禁、取り調べを行う「検断所」が設置されていた。ただし、犯罪のケガレを考えると、「検断所」は八幡宮内ではなく、八幡宮に近接するいずこかにあったのかもしれない。

「検断所」では容疑者の取り調べに「水トヒ」「火問」など凄惨な「強問」も行われていた。しかも、それは俵盗難事件の場合、供僧たちが進言したものだった。弥祐方と高木方との諍いに際しては、弥祐が内者たちに対し、「討ち死に」覚悟の決意を述べるなど、血を見ることを厭わない「激しさ」を示している。

宗教者のくせに、などというつもりはない。こうした「激しさ」がなければ生きていけない厳しい社会だったということだろう。

だが、これはよくいわれる生き残りの厳しい中世社会へただちに結びつけてしまってもよろしくない。宮下部の放言をもう一度思い起こしてみよう。そこには、享徳の乱が始まって以後七、八年で「金物」が……とあった。

つまり、享徳の乱勃発で治安が悪化し、犯罪が増加したわけである。鎌倉は享徳四年（一四五五）六月から長禄四年（一四六〇）正月まで今川範忠《いまがわのりただ》の軍勢が占拠していたが、治安維持にはあまり意が注がれていなかったということなのだろう。それどころか、軍勢のためにかえって治安が乱れていた可能性もかなり高いかもしれない。

ただ、一方で、「金物」が質に入れられたり、売られたり、ということとは、金融業者や商人がそれなりに活発な営業をしていたということも示している。「悪党」に盗まれた外方供僧衆会の籠も、二か月後、十か月後に発見されたというのは、どこかで売りに出されていたということではないだろうか。

戦争で治安は悪化し、犯罪は増加したが、人びとの営みはたしかに続けられ、その一環として、権門寺社も「激しさ」に基礎づけられた自治を行っていたのである。

ところで、俵盗難事件で捜索が行われた際、弥祐方と高木方との「喧嘩」後始末の際など、「太田方」がみえており、八幡宮の自治に影を落としている。そこで、次に村落の動向のなかで、その意味をさらにみよう。すなわち、領主と在地の「あいだ」で重みをもつ存在の意味である。

しよう。

2　領主と在地のあいだ

十五世紀後半のみならず、中世を通じて東国、また東日本の村落について語る史料はたいへん乏しい。本節でも前節同様、まずは「香蔵院珎祐記録」に頼っていくこととしよう。

佐々目郷白鬚神田問題

武蔵《むさし》国の中南部に所在した佐々目郷（埼玉県戸田市・さいたま市南区）は、鶴岡八幡宮領のなかでもとくに重要な所領の一つで、「香蔵院珎祐記録」の中にもしばしば登場する。つけ加えれば、およそ半世紀前の「鶴岡事書日記」にもかなり多く登場している。もっとも、記事が多いということは、それだけ問題が多く生じていたということでもある。このことに留意しておこう。

佐々目郷が「香蔵院珎祐記録」に初めてみえるのは、長禄三年（一四五九）十一月の記事である。これによれば、佐々目郷内の白鬚《しらひげ》社神田の権益をめぐって、供僧は平川左衛門二郎に与えようとしたところ、政所《まんどころ》（佐々目郷現地で種々差配にあたる役職）がとやかく言って平川に渡さず、二位房という僧侶を登用しようとして、太田左衛門方より吹挙《すいきょ》（推挙）状を得た。

この太田左衛門は、道灌とみられる。当時はまだ父親の道真が太田の当主だったが、かなりの存在感を示しつつあったようで、もめ事が起きた時に頼られたわけである。

だが、道灌の吹挙状はここでは功を奏さなかった。供僧は衆会を開き、何度道灌方から吹挙があっても受け入れないことを決議したからである。二位房はそうとう供僧の不興を買ったようで、われわれに奉公する人物に与えるべき「御恩地」を「田舎法師」に与えるわけにはいかない、と弥祐は厳しく述べている。

これで一件落着かと思われたが、翌四年二月には怪しい雲行きとなっている。すなわち、供僧の衆会で太田方の二位房吹挙は受け入れないと決議したのだが、供僧の中に一両人同意しない者のいたことが二位房方に伝わってしまい、いよいよ二位房が力を得たため、政所はいまだ平川に白鬚神田を渡していないというのである。

この件からは、そもそも供僧と現地組織との意思疎通に問題があったこと、道灌が有力者として頼られていること、供僧は一時道灌の介入に屈しない姿勢を示したが一枚岩になりきれていないことなどがわかる。

決議に同意しなかった供僧たちが、道灌、太田方の威勢を恐れたのは間違いない。また、この二月には、例の俵盗難事件があり、太田内者の手引きで鶴岡の供僧部屋・壇所の捜索が強行されている。太田方は確実に大きな影響力を持つ存在であり、それに頼る者たちを吸引することによって、ますます力を得ていったと考えられるのである。

長禄四年年貢・反銭問題

長禄四年（一四六〇）二月、鶴岡の供僧たちは佐々目郷の去年の惣年貢は満作だとしていたのに、政所は三分の二しか徴収していなかったため、認められないと決したが、追加を支払うと申し出てきたのでそこで折り合った。ところが、今度は水害に遭った所があるとして、なおも未進を重ねてきた。

ここでは政所との折衝しかみえないが、背後には百姓と政所との結託、もしくは百姓による政所の突き上げなどがあったものと思われる。

同年五月には、詳細は不明ながら「阿ミタ堂」のことについて、中雅僧という人物が道灌の吹挙状を提出してきている。またもや道灌が人に頼られて動いているのである。

とはいえ、ここまでは道灌の影がちらつく程度だったが、閏九月に至り、重大事件が起きた。すなわち、太田方が佐々目郷に反銭《たんせん》（田地などの面積に応じて賦課される税）を賦課してきたのである。

そもそも供僧の所領にはこのような税は賦課されないものだったが、次第に賦課される場合も生じてきていた。とはいうものの、実際賦課に直面して供僧たちは大いに戸惑い、憤慨した。しかも、このたびの賦課は、どうやら供僧たちの同意を得る前に、太田方が賦課を言ってきたからということで、別当や執行が現地政所へ指示してしまったものらしい。

佐々目郷からは賦課免除の嘆願が何度もなされたが認められなかった。百姓たちはあまりにたいへんなので七十貫文は早々に納めるから、残り三十貫文は明年にしてほしいとの案を示したが、鶴岡の奉行は、太田方から使者を派遣するから一度に百十（ママ）貫文を早々進納せよ、と命じた。

弥祐は、このようなことになったのは供僧も別当も太田方を恐れたからだ、と嘆いている。供僧は全員が賦課を受け入れたわけではないが、一致して反対はできなかったようで、白鬚神田の時と同様に、太田方の威勢の前に、供僧は分裂してしまったのである。結局、十月八日、百十（ママ）貫文は進納され、弥祐は佐々目郷から供僧への年貢がこれによって滞ることになるかもしれないと心配している（なお、太田方の賦課と供僧の分裂には別の事情も働いていた。この点、後述）。

ここで注意しておきたいのは、反銭は幕府・守護などが賦課するものであり、佐々目郷に太田方が賦課できる権限は何だったのかということである。第三章でも述べたが、武蔵は関東管領《かんとうかんれい》が守護となる国であり、当時も山内上杉氏《やまのうちうえすぎし》が守護である。ところが、河越・江戸などが扇谷上杉氏《おうぎがやつうえすぎし》の拠点となり、武蔵中部を実力で支配するようになっていた。つまり、太田は武蔵守護の家臣ですらないが、地域を実力で支配しており、それに基づいて反銭を賦課したと考えられるのである。

また、同じ時、太田方は相模《さがみ》村岡郷（神奈川県藤沢市）にも反銭を賦課するように言ってきた。だが、同郷の百姓たちは前例のないことだ、といって承知しなかった。ここでも別当は弥祐たちに話を通さず、百姓に厳しく反銭進納を命じ、供僧たちも弥祐以外は太田方を恐れて掛け合おうとしないありさまだった。しかし、百姓たちもあくまで承知できないと言い続けており、ここでの反銭問題はどうなったか不明である。

台・洲崎の代官任用

長禄四年（一四六〇）には供僧たちにとってさらに重大な事件が起きていた。

七月、鶴岡八幡宮領相模北深沢郷の台《だい》・洲崎《すさき》両村（神奈川県鎌倉市）で現任の代官が遠国へ去ったため、新たな代官を任命することになった。まず供僧のうちから如意院慶運が名乗りを上げ、ついで狩野五郎という武士が望んできた。この二名のどちらを代官とするかで供僧内に対立が生じたのである。

狩野五郎が望んできた時点では狩野に落着しかけたが、如意院が正覚院と談合して巻き返しを図り、狩野を諦めさせるように弥祐へ依頼してきた。そこで弥祐は狩野の所へ赴き説得を試みたが、狩野は承知しなかった。

その後普賢院の意見を聞いた弥祐は狩野を推すことにし、台・洲崎を知行する二十一人の供僧のうち十人が狩野方、十一人が如意院方となった。外方供僧も弥祐と相承院は狩野方、恵光院は如意院方と分かれた。如意院方は別当に通じてその吹挙を取りつけ、堀越公方《ほりごえくぼう》を頼もうとした。また、たまたま伊豆《いず》にいた太田道真などにも援助を頼んだ。七月時点では、弥祐もどうなるのだろうかと述べており、まったく先行きが見えていなかった。

八月も事態は進展せず、九月にはこれに関わるもめ事が起きた。「衆会と「彼籠」」について述べたところを思い出してほしい（一二七頁）。そこでは八月会所の如意院が衆会の籠を九月会所の増福院を飛び越して次の会所に渡してしまい騒動となっていた。当該箇所では原因について「紛糾している案件の関係で」と記するに留めていたが、その「紛糾している案件」こそが台・洲崎の代官問題で、如意院は代官を望む当事者、一方の増福院は狩野方だったのである。

この間、別当が如意院方に肩入れしていたこともあり、狩野方から三人が変心し、如意院方が十四名、狩野方が七名となった。

閏九月、如意院方は事態を有利に進めようと正覚院を太田方へ派遣することにした。これを知った狩野方も弥祐を派遣し、両者は同日に太田方に到着、道真・道灌父子と対面した。

正覚院・弥祐双方の所存を聞いた太田父子は、狩野に代官職を預けて供僧たちは仲直りさせるよう別当へ伝えるように、とのことだった。如意院方の供僧は数で倍近く狩野方を上回っていたのだが、太田父子は狩野方を支持したのである。

だが、別当は如意院方に肩入れしていたため供僧たちを仲直りさせようとせず、狩野のもとに代官職を預けるための使者も派遣しなかった。それどころか別当は太田方に、横やりが入ったので台・洲崎両村は放棄すると述べるありさまだった。

これに対して太田方は、どうして神領をお捨てになるのか、と述べ、それ以上は言及しなかった。別当は太田方の狩野支持撤回を期待したのだろうが、太田方はこれ以上の深入りを避けたのである。

振り上げた拳のやりようがなくなり、如意院方は台・洲崎の百姓に年貢催促をすることもできず、一方、狩野方は狩野が代官として年貢催促などにも働いて収納が進んだ。

これに院家職をめぐる問題なども絡み、供僧たちの対立・分裂は深刻化した。仏事勤行《ごんぎょう》にも支障が生じてきたため、ついに別当も音を上げ、十月二日、みずから立ち会いのもとで供僧たちを「和睦」させ、一応事態は収まった。

ところで、思い出してもらいたいのは、前述した佐々目郷の反銭問題が、まさにこの対立・分裂騒動の真っ最中だったことである。太田方はこれにつけ込んで賦課を仕掛け、その狙いどおりに供僧たちは一致した対応ができなかった。代官問題の調停を依頼されながら、かえってそれにより供僧たちの分裂状況を把握、利用したわけで、そのしたたかさが知られるのである。

寛正二年夫馬借用・年貢問題

寛正二年（一四六二）三月一日、執行が使者肥田《ひだ》を月行事である弥祐のもとに遣わし「太田方から、佐々目郷より人夫と馬を借用したいと言ってきた。早々に衆会を開いてほしい」と要請してきた。突然の話に当惑した弥祐は「どのように衆会をすればよろしいのか」と執行に尋ねた。

執行は、「太田方から佐々目郷へ人夫・馬の借用を言われ、佐々目郷の百姓たちは、難儀しており、これでは鶴岡へ年貢を納めることもできなくなりそうなので、やめさせるように太田方へ申しつけてほしい、このことを供僧の衆議で決してくださいと言っている」とのことだった。

佐々目郷の百姓たちは太田方の夫馬借用に迷惑し、鶴岡への年貢進納をたてにとって何とかしてほしいと突きつけてきたわけである。だが、この件について弥祐は、所領を太田に預けているのだから夫馬の借用は「世間ノ法例」だとした。つまり、佐々目郷支配についていろいろ世話になっているのだから夫馬借用くらいは一般的に認められることだろう、と言い放ったのである。

これに対し、佐々目郷の百姓たちは使者を立て、重ねて善処を願う文書を提出してきたが、弥祐は関知しない旨を述べ、これを突き返した。

供僧たちの最大関心事は年貢が無事納められるか否かで、それ以前に現地の百姓たちがいかなる苦労・困窮に遭おうと知ったことではない。百姓たちもそのことは重々承知していて年貢進納に支障が生じるとして太田方の夫馬借用を告発したわけである。だが、反銭問題の時は太田方と事を構えるのも辞さない姿勢をみせた弥祐も、今度は冷淡だった。年貢進納に影響なしとの計算ができたのだろう。

だが、この弥祐の見込みは甘かった。寛正二年は全国的に旱魃《かんばつ》のため凶作に見舞われた年で、いわゆる寛正の大飢饉が起きた。佐々目郷からも今年はことのほか旱魃だとの注進がたびたびなされたので、七月に外方・進止双方の供僧が衆会を行った。その結果、外方供僧は作毛《さくもう》の状況を実地検分する使者を派遣し、百姓らがあれこれ言うようならば重ねて正式の使者を派遣すべきだと主張した。ところが、進止供僧は政所に対して、百姓から起請文《きしょうもん》（神仏に誓約した文書）を取って年貢進納がどのような見通しか知らせるように命じればよい、としたのである。外方供僧はそれではよくないと二、三度進止供僧に掛け合ったが埒《らち》があかず、結局政所からは百姓と合意の上で当年の年貢進納は不可能だという返事が来た。

執行からは、佐々目郷へ使者を遣わし、政所に厳しく年貢進納を命じるべきだと進止供僧の内談で決定したと外方供僧に知らせがあったが、外方ではどうせ百姓からは以前と同じ返事しか来ないだろうと冷ややかな見方だった。

十月になり、佐々目郷からは、百姓たちが「当年は旱魃といい人足といい（たいへんな状況なので）在家役《ざいけやく》（在家の数に応じて賦課される税）しか進納できません」との申し出を、政所の保証書を副えて提出してきた。ここで「人足」といっているのは、おそらく三月の太田方からの夫馬借用であり、この時冷淡だった供僧方に百姓たちは逆手に取った意趣返しをしたわけである。

外方供僧・進止供僧はともに半分だけでも進納するように厳しく申し渡したが、十一月になっても、百姓は政所と一致して承知しなかった。そこで供僧方は三分の一進納に譲歩したが、やはり承知されず、結局四分の一進納とした上で、供僧一人分につき五百文ずつ追加納付することで妥協が成立した。

代官と入部

寛正二年（一四六二）の鶴岡八幡宮領では、佐々目郷以外でも大きな問題が発生していた。同年四月、関東管領山内上杉房顕が鶴岡の訴えを受けて、武蔵守護代《しゅごだい》長尾尾張守《ながおおわりのかみ》に対し、武蔵国内の鶴岡八幡宮領から「押領人《おうりょうにん》」を排除して鶴岡の雑掌《ざっしょう》（役人）に土地を引き渡すようにとの指令を出した。

これに基づき、六月、鶴岡は不知行《ふちぎょう》となっていた吉富郷《よしとみ》（関戸郷《せきど》。東京都多摩市・府中市）に代官を入部させることとなった。ここまでうまく運んだのは、山内上杉家宰長尾景仲《かさいながおかげなか》の取りなしが大きかったようである。

代官には田口慶秋という武士が任命されたが、これに際し、執行は進止供僧とだけ相談した。無視されたかたちになった外方供僧は怒り、田口の現地入部に関わる費用は負担しないと言い出した。

これに対して執行らは、請取の使者肥田に関戸六か村のうち五か村を請け取り、中河原は外すように命じた。中河原が外方供僧の権益に大きく関わっていたものであろう。だが、肥田は自身の判断で中河原も請け取り、代官田口も五か村に加えて中河原の任命も要求してきた。外方供僧と進止供僧・執行との軋轢《あつれき》が代官任命を難航させたわけだが、肥田と田口による執行らの指令を越えた動きで、結果的には収まった。彼らの行動を執行らが否定できなかった点は注目すべきだろう。

代官をめぐる問題は何とか収まったが、七月には六か村のうち鹿子嶋村が還ってこないことが問題化した。これは建長寺天源庵《けんちょうじてんげんあん》が「京方」と共謀して押領しているためだとのことだった。「京方」は堀越公方とみられる。

さらに、九月には「宇津宮《うつのみや》」（宇都宮）が「豆州」の了承を得て吉富村に入部してきたと、代官田口から注進があった。この「豆州」も堀越公方である。鶴岡八幡宮は上杉方を頼って関戸六か村を回復することに成功したかにみえたのだが、建長寺天源庵や宇都宮もかつて関戸に権限を有していた由緒をもっていたのであり（山田一九九五）、新たな権威として登場した堀越公方を頼って復活を図ったのである。

実は関戸の代官については、鶴岡への回復が決まった際、太田道灌が任命を希望していた。執行と進止供僧はすでに田口の任命が決まっているとしてこれを断ったのだが、弥祐はこのことを知ると、享徳の乱で別当や供僧が無事なのは太田のおかげでその恩を忘れてはいけない、今後も八幡宮のことは太田に相談しなくてはいけないのにこのようなことをして後日大丈夫なのか、と懸念を述べている。つまり、上杉方のうちでも長尾と太田という最有力者たちがそれぞれ関わってきており、そこに堀越公方が絡んで関戸の現地はたいへん複雑な情勢だったと考えられる。田口も代官になってはみたものの、問題の続出に頭を抱えたのではないか。宇都宮が吉富村に入部して居座っていることについて、再三鶴岡に対して正式な使者を派遣してほしいと要請したが、なかなか実現しないのに業を煮やし、使者が来ないならば代官はやめさせてもらうと述べる始末だった。

この問題がなかなか進捗しなかったのは、代官決定の際に無視されたことを外方供僧（とくに弥祐）が根に持ってあれこれ言っていたことが要因の一つだったが、事態が切迫して分裂ばかりもしていられなくなった供僧たちは対策を講じ、結局、堀越公方に三十三貫文、宇都宮に五十貫文を支払うことで問題を解決した。

領主と在地とのさまざまな問題と、それに絡んで影響力を行使し、存在感を増す太田などの武士に関してみてきたが、続いて村や町の在地の人びとに視点を移しつつ、さまざまな様相をみていこう。

3　在地の人びと

百姓の代官拒否

寛正三年（一四六二）四月、武蔵矢古宇郷《やこう》（埼玉県草加市・川口市）について、武蔵守護代被官の神保《じんぼ》内匠助《たくみのすけ》という人物が代官職を望んできたため、鶴岡としてこれを認めたところ、矢古宇郷の名主らは守護所《しゅごしょ》に訴え出て同郷は以前より代官はなく、したがってその得分もないとのことを主張した。これを受けて神保は代官職を辞退するに至った。

七月、鶴岡からは夏麦催促のついでに矢古宇郷へ使者を下し、代官について伝えたが、名主らは承知せず、使者は帰ってきた。執行から外方・進止供僧の会所にこの問題は放置しておけないと言ってきたので、両会所で内談を行い、執行と両会所が署判《しょはん》を据えた命令書を使者に持たせ派遣したが、名主らは承知もせず、返事もよこさないありさまだった。

八月になり、豊嶋《としま》一族の板橋という武士が矢古宇郷の代官職を望んできた。供僧も執行も了承したので板橋を代官にすることとなったが、ここで豊嶋方からは、太田道灌にもこのことを文書で伝えてほしいと要請されている。板橋が代官になるには道灌の了承・確認も（少なくとも板橋にとっては）必要だったのである。

九月、無事太田からの返事も来ていよいよ板橋の代官支配が開始するかと思われたが、当時豊嶋方は江戸の陣で忙殺されており、なかなか矢古宇郷入部ができなかった。江戸は道灌の拠点であり、代官になる了承が必要だったことといい、板橋は道灌の被官ないし配下だったものであろう。

同月二十二日、ようやく板橋の配下が矢古宇郷に入部したとの知らせが、鶴岡にもたらされた。入部に際して、矢古宇郷の百姓たちは、七月に供僧衆中から当郷は預かったのだ等々と言い立てたが、百姓一人の家に入部したとのことだった。板橋は供僧らがよくよく談合して返事をくれたならば自身も入部する旨を表明したので、執行・外方供僧会所・進止供僧会所が署判を据え、年貢を早々に供僧らが収納できるようにとの返書を送った。

さらに供僧らは、今年一年に限り年貢も板橋に与える優遇措置を決定した。この代官問題にはほとほと手を焼いていたので、板橋の入部で見通しが立ったことによる褒賞といえよう。

ところが、二十九日に供僧へ注進があり、矢古宇郷の百姓たちが「逃散《ちょうさん》」してしまったので、豊嶋方は「陣取在郷《じんどりざいごう》」に及んだという。「逃散」はこの場合、ただ逃げ去ってしまったのではなく、代官入部に抗議して一時的に村を退去し、近隣に身を隠したものと思われる。これに対し、板橋など豊嶋方は矢古宇郷に陣を取って徹底的に対抗する構えをみせた。

この後の顚末は知られないが、矢古宇郷では百姓たちの代官忌避が非常に強く、太田方に連なる武士と一触即発になることも辞さない姿勢だったことは注目すべきだろう。

弥祐と百姓

「香蔵院弥祐記録」末尾には、寛正三年（一四六二）十月に、弥祐が「私注置者也」すなわち私的に書き残しておく、としている記事がある。

相模富塚《とつか》郷（神奈川県横浜市戸塚区）内には、香蔵院の所領一町六反半が存在していたが、百年ばかり前から不知行状態だった。代々の院主が捜し出そうとして果たせていなかったが、弥祐は意を決して社家被官の笠貫越後《かさぬきえちご》という人物に調査を依頼した。笠貫はまた富塚郷に在住している代田《しろた》定秀《さだひで》という人物を頼って、両人が現地の百姓らに尋ねたところ、百姓らは、すでに百年以上も経っているので供僧領のことはわかりませんとの回答だった。

そこで弥祐は、そういうことならばとくに起請文を仕立ててほしいと述べ、笠貫・代田はそのことを百姓らに伝えた。すると百姓らは寛正二年十月に下地《したじ》（収取対象となる土地）を見出してきたので、弥祐は院家の被官を大勢笠貫につけて検地《けんち》を行った。

その結果、下地は「野山」（この場合、耕作されていない地、すなわち年貢の賦課されない地ということか）だとのことだったので、弥祐はさらにこの「野山」がまことに香蔵院の根本所領という旨の起請文を提出せよと言い、百姓らに「シツ」（失、神仏に宣誓した事柄に偽りがあった時に表れるしるし）がなければ問題ないが、「シツ」があれば隠田《おんでん》の未進を進納せよとつけ加えた。つまり、弥祐は見出された下地がほんとうに耕作されていない「野山」なのか、隠田があるのではないかと疑ったわけである。

この起請文提出に関しても、弥祐は笠貫・代田に大勢の被官をつけて依頼した。すると、この寛正三年十月になって、百姓らは去年から一町六反半のうち五反を開発して田地にした旨を報告し、五斗の年貢を進納してきた。

弥祐はこれに対し、百年あまりも失われていた院家所領を、自分が院主の代に発見して年貢を収納することができた、神慮のおかげだ、と大いに満足した。

ここで注目しておきたいのは、弥祐の領主としての執念もさることながら、二度にわたる起請文提出の命令がかなりの効果を発揮したことである。すなわち一度めは所領など知らないと言っていた百姓らが下地を見出し、二度めはその下地は「野山」だと言っていた百姓らが田地を開発して年貢を進納してきたわけである。

二度ともどうやら百姓らは起請文を提出していないようで、後ろ暗いところはあったのだろう。そこで起請文を書けない、つまり神仏に宣誓できないということは、それだけ彼らが神仏を恐れていたからにほかならない。もちろん、大勢の被官を派遣して威嚇したことも関係しているだろうが、神仏の拘束力・威力に注目しておきたい。まさに「神慮のおかげ」だったのである。

鑁阿寺領戸守郷

鶴岡八幡宮領以外の村に目を転じよう。現在の栃木県足利市に所在する鑁阿寺《ばんなじ》は、足利氏の祈願寺として篤い帰依を得て繁栄し、多くの所領をもつ有力寺院だった。その所領の一つに武蔵戸守《ともり》郷（埼玉県川島町）があった。享徳二年（一四五三）この戸守郷と近隣の尾《お》美野《みの》郷・八林《やつばやし》郷との間で用水相論《ようすいそうろん》が勃発したのである。

事の次第は、同年四月二日付で戸守郷代官十郎三郎が「府中」（ここでは武蔵国守護所を指す）に提出した「目安」（ここでは訴えられた戸守郷側の反論を記した文書）の案文《あんもん》（控え）に示されている。すなわち、尾美野郷と八林郷は、戸守郷が用水口に新しく杭を打ち、不当に用水を留めてしまい、尾美野・八林両郷に用水が行き渡らなくなったことを、守護（山内上杉氏）に訴え出たのである。

29—鑁　阿　寺

これに対し戸守郷代官十郎三郎は、まず、いわれないことであり、ご不審があれば実際に見分してほしいと述べ、そのうえで次のように説明した。このような問題が生じた場合は村同士で話し合うのだが、尾美野郷が無理なことばかり言うので去年から今に至るまで事態が進展しなかった。しかし、尾美野郷代官の志水方が口入《くにゅう》（仲介）してきたので、理を曲げて杭を二本抜くことにし、志水方と尾美野郷老者（指導層）が花押《かおう》を据えた文書（紛争終了の合意書のようなものだろう）をもらえるならば、志水方の口入に従うことにしたが、尾美野郷側は志水方のみが花押を据えると言ってきたので合意に至らず、いまだ対立している、と。

中世の関東では多く見つかっていない用水相論の事例だが、

このような問題は村同士で話し合うという点、さらにそれで収まらない時には代官が仲介に入り、なおも駄目な場合に守護へ訴えるというように、当事者同士の争いが高じると、次第に上位の有力者がよび出されてきている点に注目しておこう。

このほか、十五世紀半ばから後半と思われる事件で、留意されるものがいくつかある。まず、希宥という人物が代官だった時に守護から御用銭が賦課されてきた件である。本来鑁阿寺領は「恒例・臨時諸公事《くじ》等」は一切賦課されないはずだったが、守護から御用銭が賦課され、代官希宥も鑁阿寺もおおいに狼狽《ろうばい》したようである。守護とすればこうした賦課は、相論の裁定を依頼されることと裏腹の関係にあるといえよう（先にみた用水相論への介入は戸守郷が依頼したものではないが）。面倒事を解決してやっているのだからこちらの要求も聞け、というわけである。

また、やはり希宥が代官の時、不作により百姓たちが年貢免除を鑁阿寺に申し出たが一部免除を除外され、百姓たちは「惣郷の百姓たちは同心しており、上意であっても、これではどうして耕作ができましょうか」と愁訴を重ね、希宥も何とかしてやってほしいと鑁阿寺に願い出ている。百姓たちの年貢減免のたたかいがあり、ここでは代官も百姓方に立っていたのである。

「強入部」

ついで、希幸という人物が代官の時、百姓たちが「忩劇《そうげき》」（戦争）によって用水が上がらず耕作がひどい状況だったうえ、「蒔田方」が「強入部《ごうにゅうぶ》」して二か月も居座っていて困り果てたとして、年貢を三分の一に減免してほしいと希幸に訴えた。これに対し希幸は厳しく対応して三分の二を進納させたが、なおも未進の百姓が二、三人いたので、その分は当面肩代わりした。「入部」ということばはここまで何度か出てきており、領主や代官が所領に入ることをいうが、「強入部」とは、実力で侵入して占拠することである。戸守郷では「強入部」によって百姓たちの生活が圧迫され、それを理由とする年貢減免のたたかいが行われたわけである。

この「強入部」は、鶴岡八幡宮領でもみられた。長禄四年（一四六〇）正月、鶴岡では修正会の壇《だん》供《く》（餅）を所領郷村から収納したが、納めている十五の郷村のうち、四郷村が「強入部不参」だった。詳細はわからないが、「強入部」が起こっていたため収納がなかったということだろうか。いずれにせよ、「強入部」が高い割合で起こっていることがわかる。

考えてみれば、先にしばしば現れた「入部」にしても、鶴岡から見れば真っ当な「入部」でも、たとえば矢古宇郷の事例のように、百姓が代官を拒否しているのに、その配下が無理矢理入部してくれば、百姓たちにとっては「強入部」と変わるところはない。

矢古宇郷の百姓たちは対決も辞さない姿勢だったが、こうした「強入部」「入部」は、有力者が頼られる大きな要因となっただろう。ただし、太田方やそれに連なる武士たちをみればわかるように、彼らは問題を解決・調停してくれる側にもなったが、「強入部」などを行う側にもなりえた。在地の人びとはいかに彼らとつきあっていくかが大きな悩みどころであり、彼らにしてみれば、実力を根拠に支配を発展させていく機会だった。

なお、「強入部」の広がりは当然領主たちにとっても問題だった。新田岩松《にったいわまつし》氏の場合など、五十子《いかっこの》陣《じん》の崩壊後、武蔵・相模・上野《こうずけ》などにある遠隔地所領は、ひとたび「強入部」によって占拠されてしまうと、「権威」である関東管領山内上杉氏が命令しても十中八九は返還されないありさまだった。遠隔地所領を失った領主たちは、それで黙っているわけではない。自身の本拠近隣にある、他の領主の遠隔地所領に「強入部」する。こうして、上位権力の統制が失われたなか、領主たちの所領再編が進んでいったのである。

蒲御厨の公文・百姓

東大寺領の遠江《とおとうみ》国蒲御厨《かばのみくりや》（静岡県浜松市）は、明徳《めいとく》二年（一三九一）室町幕府三代将軍足利義満《あしかがよしみつ》の寄進によって成立した。

領主と在地との関係でさまざまな事柄が知られているが、ここでは、十五世紀半ばに起きた代官排斥運動からみていこう。蒲御厨は用水の関係から東方・西方に分かれ、三十人ほどの公文《くもん》がおかれていた。公文は百姓たちの統括を行うとともに、年貢・公事を徴収して東大寺に納めることを役割としていた。宝徳《ほうとく》元年（一四四九）、この公文と百姓たちが代官応島久重の数々の非法を訴え、「かけをち」（欠落）を行った。「欠落」とは、多くは逃亡を指す語だが、ここではたんに逃げてしまったというよりは、要求実現の手段として一時的に在所を離れ、耕作を放棄した「逃散」と考えられる。応島方は遠江守護斯波《しば》氏の被官で、二十余年代官を勤め、久重も代官となってから十年を経過していたが、年貢の寺納を怠り、在地でもさまざまな非法をはたらいていたのである。

蒲御厨の実質的経営にあたる東大寺油倉《あぶらくら》も応島を訴え、遠江守護代の甲斐常治《かいじょうち》は、応島の解任・新代官の任命と未進年貢の寺納を約束したが、なかなか履行されなかった。守護被官である応島と守護代甲斐との間には、同じく守護に連なる者として、何らかの取り引き・連携があったのかもしれない。また東方公文には応島の縁者がいたようであり、これも応島解任の阻害要因だっただろう。

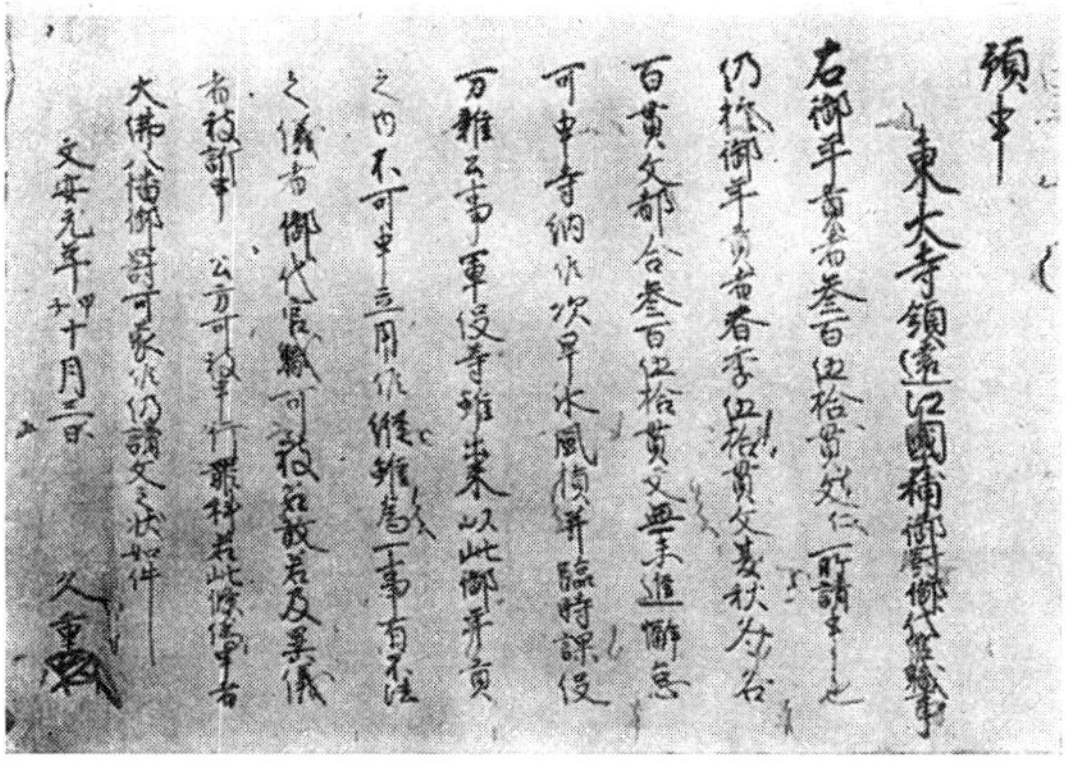

30—応島久重蒲御厨代官職請文（東大寺所蔵）

宝徳三年、公文・百姓はさらに応島の不当な賦課、米・銭の換算率操作による年貢増徴、私的な百姓使役等々の非法を東大寺に訴え、新たな代官の下向を求めた。

その結果、ようやく応島は代官を解任されたようで、その後もしぶとく入部を図るなどしているが、東大寺からは現地経営のために「蒲政所」として石田義賢という人物が派遣された。ついで長禄二年（一四五八）には周賢《しゅうけん》という人物、寛正二年（一四六一）には三河《みかわ》守護吉良《きら》氏被官の大河内真家という人物が代官になっている。

この大河内は、寛正五年（一四六四）に公文たちと対立し、武力で押さえこもうとした。そこで公文たちは大河内の非法を東大寺に訴え、翌年梵済という人物が代官職を請け負っていることから、大河内は代官を解任されたとみられる。
このように、公文たちはしばしば非法をはたらく代官とたたかい、時にはその解任に成功していた。ただし、公文たちは百姓と一致して行動することもあればそうでない時もあり、東大寺への訴えを起こす場合も、要求実現の手段として独自に逃散したり、百姓とともに逃散することもあった。また、東方と西方の公文も一枚岩でなく、それぞれ独自の動きを示すこともあった。在地の状況はかなり複雑だったのである。

品川の有徳人

十五世紀後半における東日本の都市の人びとに関しては、村落よりもますます史料が乏しくなる。そこで、まずは「有徳人《うとくにん》」とよばれた富裕な商人の活動に注目しよう。

武蔵国品川（品河）は、東日本における太平洋海運の一大拠点として繁栄していた。この品川で数代にわたる活躍を確認できるのが鈴木氏である。鈴木氏は熊野御師《くまのおし》（寺社参詣者が宿泊する宿坊《しゆくぼう》を経営し、現地案内をする者）の出自といわれ、十五世紀の初めころ道永《どうえい》の名が知られるが、もっとも有名なのはその子道胤《どういん》である。

道胤はほぼ十五世紀の前半から半ばに活動したと思われるが、大きな事績としては、まず文安《ぶんあん》三年（一四四六）品川妙国寺《みようこくじ》再建の大檀那として梵鐘《ぼんしよう》を寄付している。ついで宝徳二年（一四五〇）には、鎌倉公方足利成氏から「蔵役」免除の特権を与えられている。この「蔵役」は土倉役《どそうやく》と推定されている

（佐藤博信一九九六）。さらに享徳二年（一四五三）、妙国寺が鎌倉公方の祈願寺とされているが、これは同寺の有力な檀那であった道胤の働きかけ、もしくは公方成氏の道胤を通じた品川支配画策などが考えられる。

道胤は海運による隔地間交易で富を築き、土倉として金融業も営んで品川屈指の有徳人として活躍した。これにより、鎌倉公方の信頼を得て密接に結びつき、政商の地位を得たと考えられるのである。この動きは、公方成氏の側からみれば、神奈川湊（横浜市神奈川区）を押さえる関東管領上杉氏への対抗策であったとされる（佐藤博信一九九六）。すなわち、上杉氏は代官長尾氏―有徳人奥山氏のラインで神奈川湊を押さえ、流通支配の一大拠点としていたが、成氏は近臣の簗田《やなだ》氏《し》を品川の代官として鈴木道胤を抱き込み、代官簗田氏―有徳人鈴木氏のラインで品川湊を押さえ、上杉氏に対抗しようとしたのである。

その後享徳の乱が起こり、鈴木氏でも代替わりがあるが（道胤は文正《ぶんしょう》二年〈一四六七〉二月死去した可能性がある）、子息の長敏《ながとし》も有力者の地位を保って活躍した。

文正元年十二月、関東に来ていた連歌師《れんがし》宗祇《そうぎ》が長敏邸を訪れ、同所で越年したようである。さらに応仁《おうにん》元年（文正二年三月五日改元）、連歌師心敬《しんけい》が京を離れ、品川を訪れているが、これは親交のあった長敏が招いたことに応えたものだった。宗祇・心敬と長敏がいかにして知り合ったかはわからないが、長敏の活発な隔地間交易が契機となっているとみて間違いないだろう。

文明《ぶんめい》元年（一四六九）正月、河越の太田道真館で興行された連歌会「河越千句《かわごえせんく》」には宗祇・心敬ら著名な連歌師や主催者道真ら武士などとともに「品川住人　橘《たちばな》　長敏」の名がみえ、鈴木長敏に比定されている。穿った見方をすれば、有力な庇護者だった成氏が古河《こが》へ去った後、実力者太田氏と新たな関係を築いていたともいえる。あるいは宗祇か心敬がその橋渡しをした可能性もあろうか（宗祇・心敬については第五章参照）。

神奈川の蔵衆

神奈川湊の奥山氏に関しても、文明年間（一四六九〜八七）に動向が知られる（佐藤博信一九九六、山田一九九五）。すなわち、同所は山内上杉氏の家宰となった長尾忠景《ながおただかげ》の所領だったが、住人たちが地子《じし》上納を三十年にわたって怠り、同所を預かっていた奥山式部丞《しきぶのじょう》も徴収しようとしなかった。

これに対して忠景は、鎌倉雲頂庵《うんちょうあん》住持の久甫淳長《きゅうほじゅんちょう》に地子等徴収の催促を依頼した。雲頂庵は円覚《えんがく》寺《じ》の塔頭《たっちゅう》で、その住持に地子等徴収の催促を依頼するとは、一見奇異な印象を受ける。だが、実は忠景はほかにも武蔵小机《こづくえ》郷や柴郷などの年貢徴収催促を、淳長に依頼している。忠景は雲頂庵の有力な外護者《げごしゃ》であり、そのことが依頼の要因となっているのは間違いないが、淳長には年貢徴収催促に関わる優れた技能があったのかもしれない。

淳長は神奈川へ赴いたうえで、状況を報告してきた。それによると、奥山は関銭《せきせん》と浦方《うらかた》（船役銭《ふなやくせん》）のみ納めると答えたという。怒った忠景は地子も必ず納めさせるようにと淳長に命じている。これと同時に述べたところによれば、忠景が神奈川に在郷した時に、代官は定めないで奥山に代官同様の働きを命じ、喧嘩闘諍などについては「蔵衆《くらしゅう》」が談合するようにさせたという。

すなわち、文明年間には神奈川湊は代官が設置されず、有力町人の集団と考えられる蔵衆の自治的運営が行われ、奥山が取りまとめ役だったとみられる。奥山は代官同様とはいえあくまで町人側の存在だった。地子怠納や関銭・浦方のみ納めるというのも、蔵衆の決定をそのまま伝えたものであろう。

また、関銭・浦方の徴収が図られ、奥山がそれについては進納すると述べているところからは、神奈川湊における海運業の盛行がうかがわれる。蔵衆というからには、このメンバーは土倉であったことも推定され、してみれば金融業も「衆」が成立するほど盛んに行われていたのであろう。

このほか、先にみた蒲御厨に隣接する浜松荘引間市《ひくまいち》（静岡県浜松市）では、康正《こうしょう》二年（一四五六）私徳政《しとくせい》が行われ、蒲御厨の百姓が土倉に質として預け置いていた種籾などが、土倉に押しかけた「強人」の放火により焼失している。

本巻が扱う地域では、大規模な徳政一揆は知られておらず、ここでの土倉焼き討ちもどれほどの規模かはわからないが、私徳政の貴重な事例である。さらに、百姓が預けた種籾が焼失しているわけだから、放火の主体である「強人」は百姓ではなかろう。引間市に存在する土倉は、周辺地域のさまざまな人びとを巻き込んで商業・金融業を展開し、それによりかなり繁栄していたこともまた想定できるのである。

史料は乏しいが、以上にみた有徳人・蔵衆のような存在、彼らによる自治、海運業・商業・金融業などの盛行があった都市は、少なくなかったと考えられるのである。

五　旅する文化

1　連歌師宗祇と心敬

宗祇の東国下向

教科書的な説明では、応仁《おうにん》の乱で京都が戦場となり荒廃すると、困窮した貴族・文士・芸術家などが地方へ赴き、いわゆる文化の地方伝播・普及が行われていく、といった表現がされる。

たしかに大筋はそのようなことなのだろう。ただ、伝播・普及というと都のものが地方にそのまま伝わり、持ち込まれているような印象を受ける。もちろんそのようにのみ捉えられているわけではないだろうし、実際、十五世紀後半の東日本では、伝わる過程というか、伝える人の旅のなかで育まれ、展開していく文化がしばしばあるように思われる。

そこで、以下ではそのありさまをみていこう。まずは、連歌師《れんがし》として名をあげてからの後半生、かなりの部分を旅に費やした宗祇《そうぎ》である。

宗祇の前半生はほとんど明らかでない。応永《おうえい》二十八年（一四二一）近江《おうみ》国の生まれであることはほぼ確実で、出自は六角氏《ろっかくし》重臣で近江守護代《しゅごだい》の伊庭氏《いばし》とする説もあるが、確定されていない。若年の頃、一時京都相国寺《しょうこくじ》に住していたようである。

宝徳《ほうとく》二年（一四五〇）頃、連歌の道を志したというから、三十歳前後であり、当時の寿命を考えればかなりの晩学といえよう。師ははじめ宗砌《そうぜい》で、享徳《きょうとく》四年（一四五五）宗砌が死去してからは専順《せんじゅん》となった。四十歳頃から活躍が目立ち始め、各所の連歌会に名がみられるようになる。

宗祇は文正《ぶんしょう》元年（一四六六）六月頃、京都を発ち、東国への旅に出た。途中までの経路は不明だが、当時盛んだった伊勢《いせ》からの海路を選んだ可能性が高い。七月には駿河《するが》国府中（静岡県静岡市）に到り、守護今川義忠《いまがわよしただ》の館《やかた》で開催された連歌会に参加している。さらに、八月には宗歓《そうかん》（宗長《そうちょう》）の案内で清見《きよみが》関《せき》（同市清水区）へ赴き、月見をしている。

宗長は文安《ぶんあん》五年（一四四八）駿河国島田（同島田市）の鍛冶職人の子として生まれた。この時はまだ十代だったことになるが、おそらくすでに義忠に仕えており、宗祇の接待を命じられていたのだろう。後年、宗長は上洛した際、宗祇に再会して連歌を学び、以降付き従うこともしばしばで、宗祇の生涯最後の旅にも随行することになる。

宗祇と長尾一族との交流

宗祇の駿河での動向はこれ以上知られず、その後の経路も不明だが、文正元年（一四六六）九月二十九日には、武蔵五十子陣《むさしいかっこのじん》で山内上杉氏《やまのうちうえすぎし》家宰《さい》長尾《ながお》景信《かげのぶ》らと連歌会を行っている。それ以前に、越生《おごせ》（埼玉県越生町）に隠棲していた太田《おおた》道真《どうしん》を訪ねているという指摘もある。宗祇はしばらく五十子陣に滞在したようで、十月には長尾孫六に「長六文《ちょうろくぶみ》」を贈っている。

この「長六文」とはのちに呼び慣わされた通称で、長尾孫六に充てた文（書状）の意である。長尾

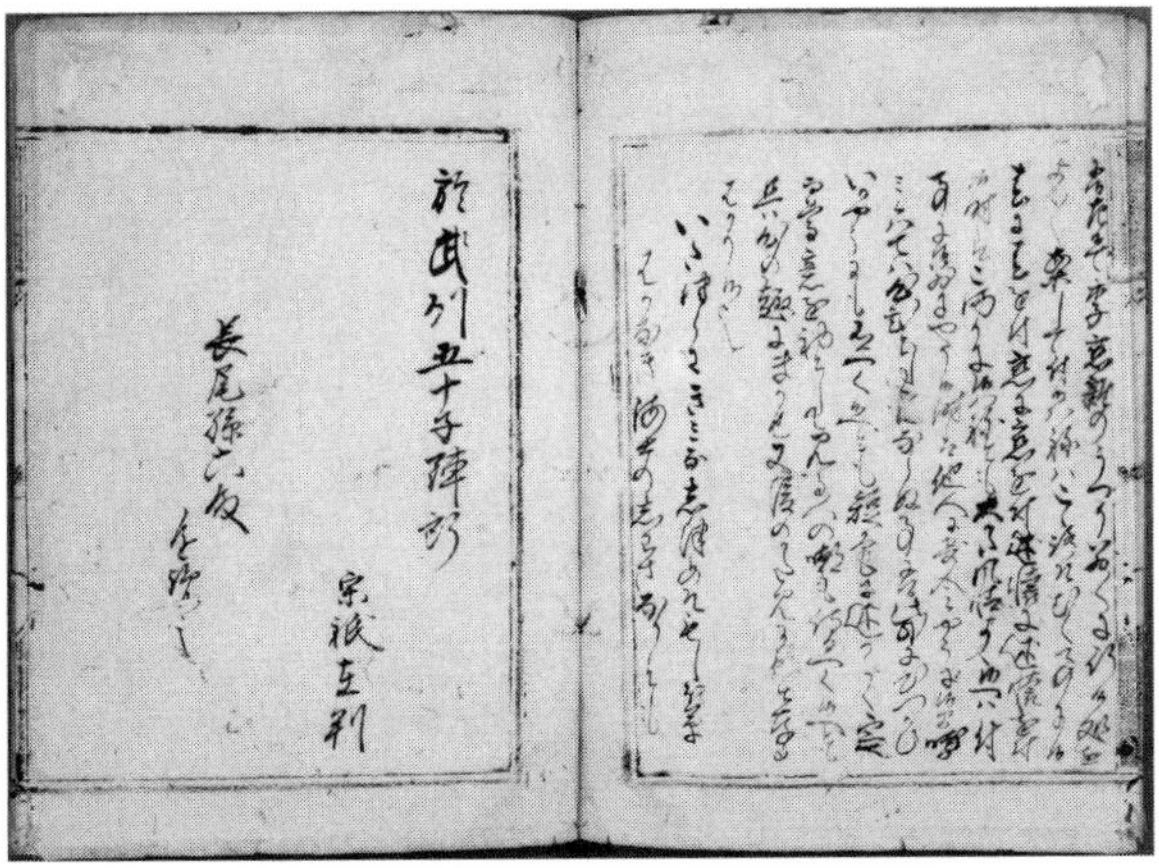

31—「長六文」（部分、早稲田大学図書館所蔵）

孫六は、従来惣社長尾《そうじゃながお》氏《し》の景棟《かげむね》や忠景《ただかげ》に比定されていたが、現在でははっきりしていない。いずれにせよ、長尾一族の孫六に充てたかたちの連歌論である。

内容は、連歌会で長尾孫六に会い、連歌のことを尋ねられたのに答えたもので、和歌と比較しての連歌の特質、連歌を詠む際の心構え、句の付け方の技法等々を詳細に論じている。また、師の宗砌・専順や心敬《しんけい》などすぐれた連歌師の句を、解説のために多く引用しているが、注目されるのは、長尾景信の作を一句引用していることである。

しかもそれは、宗祇が「幽玄」「長高き」「有心体」を連歌の理想としてそれに該当する句を数々あげた中で引用され、「この一句は金吾《きんご》（衛門府《えもんふ》の唐名《とうみょう》。ここでは左《さ》衛門尉《えもんのじょう》である景信のこと）が詠まれたもので自分の心底に残っていたので書き加えました。「有心の随一」と思うばかりです」と最大級の賛辞が述べられている。もっとも、これはすでに指摘もあるが、宗祇の世辞が多分に混じっていよう。

十二月、宗祇は品川の鈴木《すずき》長敏《ながとし》邸を訪れ、そこで越年したようである。文正二年正月一日には、同所で師宗砌の十三回忌にあたって「名所百韻《めいしよひやくいん》」を独吟している。宗祇は五十子から初めて鈴木長敏に会いに来たというよりも、駿河から海路品川に到着してすでに長敏に会っていたのかもしれない。東国下向そのものが、のちにみる心敬のように、鈴木長敏あるいは父道胤《どういん》の招請を契機としている可能性もあろう。この後、宗祇は上野白井《こうずけしろい》に滞在していた越後上杉定昌《えちごうえすぎさだまさ》の陣所を訪れ、発句を詠んでいる。また、岩松家純《いわまついえずみ》の館なども訪れていたようである。

三月、宗祇は五十子陣で「吾妻問答《あづまもんどう》」を書き上げ、長尾景春《ながおかげはる》に贈った。跋文《ばつぶん》によれば、「若き人々」の質問に答えて書くことになったとのことで、その一人が景春だったのだろう。この「吾妻問答」も「長六文」と同じく連歌論である。一問一答形式で、内容的には「長六文」と重複するところは少なく、補完関係にあるという（奥田一九九八）。

このほか、宗祇は長尾忠景のもとでも句を詠んでおり、長尾一族との厚い交流がうかがわれる。

『白河紀行』の旅

この年（三月五日改元して応仁元年〈一四六七〉）の秋から冬にかけて、宗祇は越後に赴き、信濃《しなの》を廻って関東に戻ったようである。

応仁二年の夏、宗祇は品川に滞在していた先輩連歌師心敬を訪ねている。以降、宗祇は心敬から親しく連歌に関する意見を受けたり、連歌会で同座することになる。関東での心敬との交流は、宗祇の連歌に重要な影響を与えたといわれている。宗祇は東国に下向したことによって新展開を得たわけで

32―白河関跡（白河観光物産協会提供）

ある。

同年秋、宗祇は古来文芸の世界において著名な白河関《しらかわのせき》を訪れることを思い立った。おそらく品川から鈴木長敏の助力により海路出立し、常陸《ひたち》国那《な》珂湊《かみなと》（茨城県ひたちなか市）に上陸した。そこからは陸路で、まず筑波《つくば》山《さん》を目指し、筑波山の寺（知足院）で連歌を詠んだ。ついで西へ進んで日光の知己を訪ね、黒《くろ》髪山《かみやま》（男体山《なんたいさん》）の麓で連歌会を開催した。

ところで、宗祇はこの白河関を訪ねる旅を『白河紀行』という紀行文にまとめているが、その起点は日光から東の下野《しもつけ》国塩《しお》谷《や》（栃木県塩谷町）である。なぜか出立から日光を過ぎるあたりまでは、『白河紀行』の中では省略されてしまっているわけである。この理由はよくわからない。白河に感動を集中させたかったからとの説があることを紹介するにとどめておく（奥田一九九八）。

宗祇が塩谷を発つ際、現地の領主塩谷孝綱《たかつな》は若侍二人を案内に付けた。その後、那須野原《なすのはら》を通過し、大俵《おおたわら》（栃木県大田原市）で「あやしの民の戸」（一般民家）に宿泊し、中川（那珂川）・黒川を渡って横岡（栃木県那須町）に到着した。

ここから白河関に到った宗祇は、古人に想いを馳せつつ歌を詠み、当面の目的を果たすことができた。その後、白河城下に到り、領主白河道朝《しらかわどうちょう》（直朝《なおとも》）の館を訪れ、連歌会が行われている。十月二十二日、白河城下を辞し、白河関を再度通過した宗祇は、「白河百韻」を興行した。

そこからの行程は明らかでないが、やはり那珂湊から海路品川に到った可能性が高い。十二月には、「何木百韻《なにき》」の心敬発句に脇を付けている。連衆《れんじゅ》に鈴木長敏がみえており、場所は品川かと思われる。応仁三年春、宗祇は伊勢で活動しており、奈良などにも赴いたが、秋（四月二十八日改元して文明《ぶんめい》元年）にはふたたび東国に下向した。この往来も海路、鈴木長敏の助力によったと考えられる。十月頃、心敬と同座して連歌を行い、心敬の発句に脇を付けている。場所はやはり品川だろうか。

心敬の東国下向

すでにたびたび名前がみえてきたので、ここからは晩年を東国で過ごした連歌師心敬に焦点を合わせよう。

心敬は、応永十三年（一四〇六）、紀伊《きい》国田井荘《たいのしょう》（和歌山県和歌山市）で生まれた。宗祇より十五歳年長ということになる。出自は明らかでないが、紀伊守護であった畠山氏《はたけやまし》との深い関わりも指摘されている。幼少期に出家し、長い間比叡山横川《ひえいざんよかわ》で修行生活を送った。はじめは心恵と称していた。二十四歳で正徹《しょうてつ》の門下となり、歌道に励むようになった。連歌の師匠は明らかでないが、すでに二十代から活発に創作をしていた。寛正《かんしょう》四年（一四六三）には、連歌論として有名な『ささめごと』を著している。

応仁元年（一四六七）四月、心敬は京都を離れ、五月伊勢神宮参籠を経て、海路東国に向かい、六月武蔵国品川に到着した。当時、すでに連歌界の重鎮であり、六十二歳の老境に達していた心敬が、いかなる事情で東国下向を決意したかは、彼の著作『ひとりごと』『老《おい》のくりごと』などによって知ることができる。

すなわち、京都が荒廃し、頼るものもなくなっていたところ、東国のかねてからの知り合いである鈴木長敏から招請があり、船も手配してくれるとのことだった。おりから伊勢参籠の志もあったので、伊勢に行き、そこからさらに東国へ行く日取りを決めた、ということである。

京都の荒廃が主たる原因で都を離れたのは、多くの貴族・芸術家・文人らと同様だが（ただし、応仁の乱の本格的開戦は心敬の離京後。この点、後述）、品川の有徳人《うとくにん》鈴木長敏から誘われ、交通手段として船まで手配してくれたことが、やはり大きかったといえよう。長敏の誘いも「引き籠もっておられるより、富士の嶺や鎌倉の里をご覧になっては」というもので、富士や鎌倉は東国への誘いとして常套句だったかもしれないが、親密感がにじみ出ているように思われる。また、先述したように、前年には宗祇が東国へ下向しており、このことも心動かされる一因となったかもしれない。

心敬は、しばらく品川に腰を落ち着けることとなった。到着後、「山何《やまなに》百韻」を詠み、八月には『古今和歌集』の書写を行い、「百首和歌」を読んでいる。なお、鈴木氏を大檀那とする妙国寺《みょうこくじ》境内に草庵を結んだことが推定されている。総じて、心敬の東国下向には、鈴木長敏の大きな尽力と周到な

33—妙国寺絵図（天妙国寺所蔵）

準備がはたらいていたということができよう。

『ひとりごと』の執筆

応仁二年（一四六八）四月晦日、心敬は連歌論『ひとりごと』を書き上げた。内容は、これまでの人生で経験・見聞したことの回想、東国下向から『ひとりごと』執筆までの経緯、京都での和歌・連歌会とそこに集った人びとの様相、連歌に関する意見、諸道の名手・名匠の列記等々である。

『ささめごと』が和歌・仏教に多く言及し、独自の観念的な美を追求しているのに対し、『ひとりごと』は社会・文化・芸術を広く回顧した書とされ、心敬の記憶違いによる誤認や重複も少なくないが、評価は高い。

ここでは、とくに冒頭で展開されている心敬の回想に注目したい。まず仏教的無常観で口火を切り、ここ五十年あまり天下は片時も治まっていたことがないと述べている。応仁二年から五十年前といえば、応永二十五年（一四一八）である。この二年前には関東で上杉禅秀《うえすぎぜんしゅう》の乱が起きているが、心敬がこれを意識して五十年あまりと述べたのかは不明である。

そのすぐ後に、三十年前頃から「東の乱れ」が起きてとあり、三十年前は永享《えいきょう》十年（一四三八）であるから、明らかに永享の乱を指している。ここから多くの人が戦闘で命を失い、惑うことになったが、いまに至るまで治まることはないという。さらに「赤松の亭にての御事」＝嘉吉《かきつ》の変も挙げ、天下にはわずかな平穏の場もなくなったとする。

嘉吉の変が起こってからはともかく、それ以前の禅秀の乱や永享の乱は、京都にいる人にとっては、なかなか戦争危機の実感はなかったのではと現在の眼からは思いがちだが、心敬が禅秀の乱をも意識して五十年あまり天下が治まっていないと述べたとすれば、注目されるところであろう。

ついで、各大名家の中でも君臣同僚の関係が破綻して多くの人が命を失ったこと、君臣はたがいに自分の所領支配に執心して昼も夜も争うが決着のついた所はない、と述べている。これは、領主家中が下剋上などを伴いながら再編していくありさまを的確に捉えているといえる。

さらに、徳政一揆《とくせいいっき》や寛正の大飢饉にふれ、応仁元年に始まった応仁の乱に言及している。すなわち、細川勝元《ほそかわかつもと》方、山名宗全《やまなそうぜん》方の諸将を列記し、双方が城郭・要害を構え、洛中の家々がなくなり、「大野焼け原」になったありさまを述べており、前述したように、このようなところに鈴木長敏の招請があって東国下向となるわけである。ただし、乱の前哨戦である上御霊社《かみごりょうしゃ》の戦いは正月（改元前で文正二年）、心敬が京都を離れたのは四月、洛中で戦いが始まるのは五月である。

すると、洛中の家々がなくなり「大野焼け原」になったというのは、心敬の記憶違いか意図的書き誤りなのだろうか。ただ、心敬が両軍の戦闘の結果と明記していないところは気になる。問題の記述は、細川方・山名方が城郭・要害を構えている部分からすぐに続いており、戦闘準備の過程で障害になる家々を破壊・焼却した可能性はないか。もっともそのような大事があれば、何らかの史料が残っていそうなものなので、若干の疑いとしてあげておくにとどめたい。

いずれにせよ応仁の乱に至る騒然とした状況に、鈴木長敏の招請が重なっての東国下向となったことは、前述したところである。心敬としてはすぐにも帰京するはずだったが、京都の乱れはひどくなるばかりで、海路・陸路の便りもなくなって二年が過ぎたと嘆いている。

なお、この夏には前述したように、品川の草庵に宗祇の訪問を受けている。

「河越千句」と南奥の旅

応仁三年（一四六九、四月二十八日改元して文明元年）夏、心敬は伊豆《いず》・駿河をめぐる旅に出たようである。富士見物もしたことであろう。この旅は、堀越公方《ほりごえくぼう》に関わる政治的使命も帯びていたとの説もあるが、当時の堀越公方の政治的位置から考えると、いかがだろうか。

文明二年正月十日から十二日までの三日間、武蔵国河越城《かわごえじょう》で「河越千句《せんく》」が興行された。主催者は太田道真である。道真はすでに嫡子道灌《どうかん》に家督を譲って隠居の立場ではあったが、第三章でも述べたように、完全に隠遁したわけではなく、道灌とともにさまざま活躍していた。

心敬は、この「河越千句」で第一百韻の発句を詠んでおり、宗匠を務めていた。第二百韻の発句は宗祇、第十百韻の発句は道真だった。出句数も心敬がもっとも多く、ついで宗祇、道真の順だった。

他の連衆は、長敏・中雅《ちゅうが》・修茂《のりしげ》・満助《みつすけ》・印孝《いんこう》・幾弘《いくひろ》・永祥《えいしょう》・義藤《よしふじ》・長剱・興俊《こうしゅん》で、このうち長敏は品川の有徳人鈴木長敏で、ほかは関東武士、連歌師、僧侶らである。もっとも出句数の少ない興俊は、のちに京都で名をあげる兼載《けんさい》である。会津の蘆名氏《あしなし》一族猪苗代盛実《いなわしろもりざね》の子で、享徳元年（一四五二）の生まれであるから、「河越千句」ではまだ十九歳だった。この頃から心敬に師事するようになったと考えられる。また、宗祇からも学んでいたようである。

二月頃、心敬は品川の草庵を発ち、興俊を伴って北関東から南奥をめぐる旅に出た。四月、まず日光に着き日光山中禅寺《ちゅうぜんじ》で句を詠んでいる。五月頃には宗祇から送られた連歌に対して懇切な批評を加えて返書を出し、六月末会津に到着した。悠然とした旅なのは心敬が高齢だったためもあろう。会津を目指したのは、同地周辺出身の興俊の誘いがあったからと思われる。会津では幾度か連歌会を興行しているが、蘆名氏を幕府方につなぎ止め、古河公方《こがくぼう》方へ奔らせないための政治的意味合いがあったとする説もある。

八月頃、心敬は興俊の案内で白河に到った。宗祇といい、やはり文人にとって、白河関は憧憬の地だったのである。白河関を見た後、白河道朝（直朝）の館で歓待を受け、連歌会が行われた。

いつ関東に戻ったかは明らかでないが、冬には富士山の見えるあたりにおり、文明三年の正月は、太田道真の館で迎えたと推定されている。この春、道真館での連歌会で詠んだ第三の句が、心敬の「関東ニテ連歌シドメノ句也」と兼載が記しており、以後発句を詠むことはあっても一座に臨むことはなかったものと理解されている。

34—大山遠景（フォトライブラリー提供）

大山隠棲と『老のくりごと』

文明三年（一四七一）夏、心敬は品川の草庵を退去し、秋には相模《さがみ》国大山山麓の石蔵（神奈川県伊勢原市）に落ち着いた。この移転の事情については、のちに著した『老のくりごと』から知られる。

すなわち、「いにし弥生の比《ころ》より、東のみだれさへしきりに成」とあり、三月頃から「東のみだれ」がひどくなったことが、移転の大きな原因であることが述べられている。この「東のみだれ」については、『鎌倉大草紙《かまくらおおぞうし》』に記載されている古河公方足利成氏《あしかがしげうじ》方の伊豆攻撃のことと理解されていたが、この攻撃があったかどうか疑わしいとして、同年成氏が古河から本佐倉《もとさくら》に退いたことに対応して江戸・品川が軍事拠点となったことを示しているとの説も出されている（則竹二〇一三）。

成氏方の伊豆攻撃については真偽決しがたいところだが、成氏の本佐倉への後退は六月なので、三月頃から「東のみだれ」がひどくなったという点とややズレがある。心敬に移転を決意させた「東のみだれ」の内容は、なお判然としないといわざるをえない。

この年の秋か冬、心敬は前述の『老のくりごと』を書き上げた。身を寄せていた大山山麓の寺院の住持に請われて執筆したもので、前半は大山山麓での閑居のありさま、後半は連歌論から成っている。『ひとりごと』が都の生活を懐古しているのに対して、前半は閑居のありさまを讃美し、永住の地を得た喜びで満ちているといわれる。そもそも世話になっている地元寺院の住持に請われた述作であれば、現状を讃えないわけにはいかないという事情はあっただろうが、後半は心敬連歌論の極致を示しているといわれており、大山山麓での生活がなかなか充実していたのもまた事実だったのだろう。

文明六年六月、心敬は江戸城で太田道灌が主催した「武州《ぶしゅう》江戸《えど》歌合《うたあわせ》」で三首の和歌を詠み、判者を務めているが、老齢の心敬が実際に江戸まで赴けたかは疑問で、後判ではないかとの説もある。

翌七年四月十六日、心敬は隠棲していた大山山麓石蔵で死去した。享年七十。心敬の東国における晩年は、一時しのぎのつもりで東国に下向したが、応仁の乱が長引くなか、海陸の便がなくなり、頼りにする細川勝元も死去して、京都へ帰ることができないまま、不本意で寂寥《せきりょう》としたものだったかのようにされることが多い。

だが、交通のことをいえば、戦争で「路次不自由」といわれる状況になるのは、実際よくあることだったが、宗祇などは文明元年二月伊勢に行き、奈良を訪れて、秋には東国に再下向し、同六年からは京都を拠点とするようになっている。心敬のみに海陸の便がなかったとは思われない。

前述したように、東国下向して二年目の『ひとりごと』では都の生活を懐古しているが、『老のくりごと』では多分に修飾があったにせよ現状を讃美しており、実際に連歌論も極致とまで評価されるものになっている。もちろん、芸術の境地は現状への満足から深化するとは限らず、むしろその逆ということも大いにあるだろうが、晩年の心敬に東国がもたらしたもの、心敬の東国への思いは再考されてもよいのではないか。

宗祇と古今伝授

前述のように、宗祇は文明元年（一四六九）二月伊勢に行き、奈良も訪れ、秋には東国に再下向した。それからほどない十月、宗祇は東常縁《とうつねより》に書状を出し、返書を受け取っている。

東常縁が享徳の乱勃発後、幕府軍の一翼として関東に派遣されて活躍していたことは前述したところである（第二章）。その後、常縁は所領のある美濃《みの》に戻るなどしていたが、この頃は伊豆に在陣していた。宗祇は、歌人・歌学者としての常縁の力量を知悉《ちしつ》しており、教えを受けたいと考え、とりあえず連絡を取ったものだろう。

翌二年は、心敬の項で述べたように、太田道真主催の「河越千句」が興行され、宗祇も同座した。また、これも心敬の項でふれたが、夏には心敬に句の批評を依頼し、辛辣ながらも懇切な返書を受けている。

同三年正月二十八日から四月八日にかけて、宗祇は伊豆国三島（静岡県三島市）で、常縁の『古今集』講釈を受講した。常縁から宗祇への「古今伝授《こきんでんじゅ》」（『古今集』解釈における問題点の伝授）の始まりである。この講釈受講は六月十二日から再開され、七月に終了した。ここで二か月ほどの空白が生じていることについて、『鎌倉大草紙』にみえる成氏方の伊豆攻撃があったためとする説がある。

八月、宗祇は常縁から『古今集』の切紙伝授《きりがみでんじゅ》（切紙は普通の料紙である竪紙《たてがみ》を縦横適当に切ったもの。この切紙に要点を書きつけた伝授方式）を受けた。また、この頃宗祇は常縁の「百人一首」講釈を受講している。

同四年五月三日、宗祇は「古今和歌集両度聞書《ききがき》」の編集を完了し、常縁から「門弟随一」の奥書《おくがき》を受けた。やがて常縁と宗祇は美濃に移動し、同五年四月十八日、宗祇は常縁から「古今伝授」完了の最終奥書を受けた。

35―東常縁画像（乗性寺所蔵）

足かけ三年にわたり宗祇は常縁から「古今伝授」を受けたわけで、並々ならぬ向学心、あるいは執念である。「古今伝授」が権威づけられるのは宗祇が三条西実隆《さんじょうにしさねたか》に伝えたことによるといい、中央歌壇での活躍がなかった常縁も、宗祇への「古今伝授」によって歌道の権威としてかえりみられることになったのである。

六月二十三日、山内上杉氏家宰長尾景信が死去

したが、これ以前に宗祇は、病床の景信を見舞うために上野国白井城《しろいじょう》（群馬県渋川市）を訪れたとみられる。前述したように、宗祇は「長六文」の中で景信の句を引用して絶賛しており、かなり親密な仲であった。

文明六年から宗祇は京都を拠点として活動するようになった。だが東国在住期に、連歌においては心敬、歌学においては東常縁との深い関わりを得たのであり、宗祇にとっての東国はきわめて重要な地だったといえるのである。

なお、宗祇が応仁元年（一四六七）に越後に赴いたらしきことは前述したが、京都を拠点にしてからも、文明十五年、長享《ちょうきょう》二年（一四八八）、延徳《えんとく》三年（一四九一）、明応《めいおう》二年（一四九三）、同六年、同九年としばしば訪れている。還暦を過ぎてから六度とはかなりの回数といえる。それぞれについて詳しいことはあまりわからないのだが、長享二年六月には、上杉定昌の墓所に詣で、追悼歌を詠んでいる。また、明応六年の旅は上杉房定《ふささだ》の墓参と房能《ふさよし》の家督相続祝賀とが目的だった。いずれにしても、越後上杉氏との親密な関係がうかがわれる。

2　万里集九と太田道灌

万里集九の関東下向

すでに第三章でも登場した万里集九《ばんりしゅうきゅう》は正長《しょうちょう》元年（一四二八）の生まれで、近江国浅井《あさい》郡の豪族速水氏《はやみし》の出自であるという。十四、五歳の頃、叔父梅西を頼って京都五山《ござん》の東福寺《とうふくじ》永明院《ようめいいん》に入り、三年ほどのちに相国寺に移った。

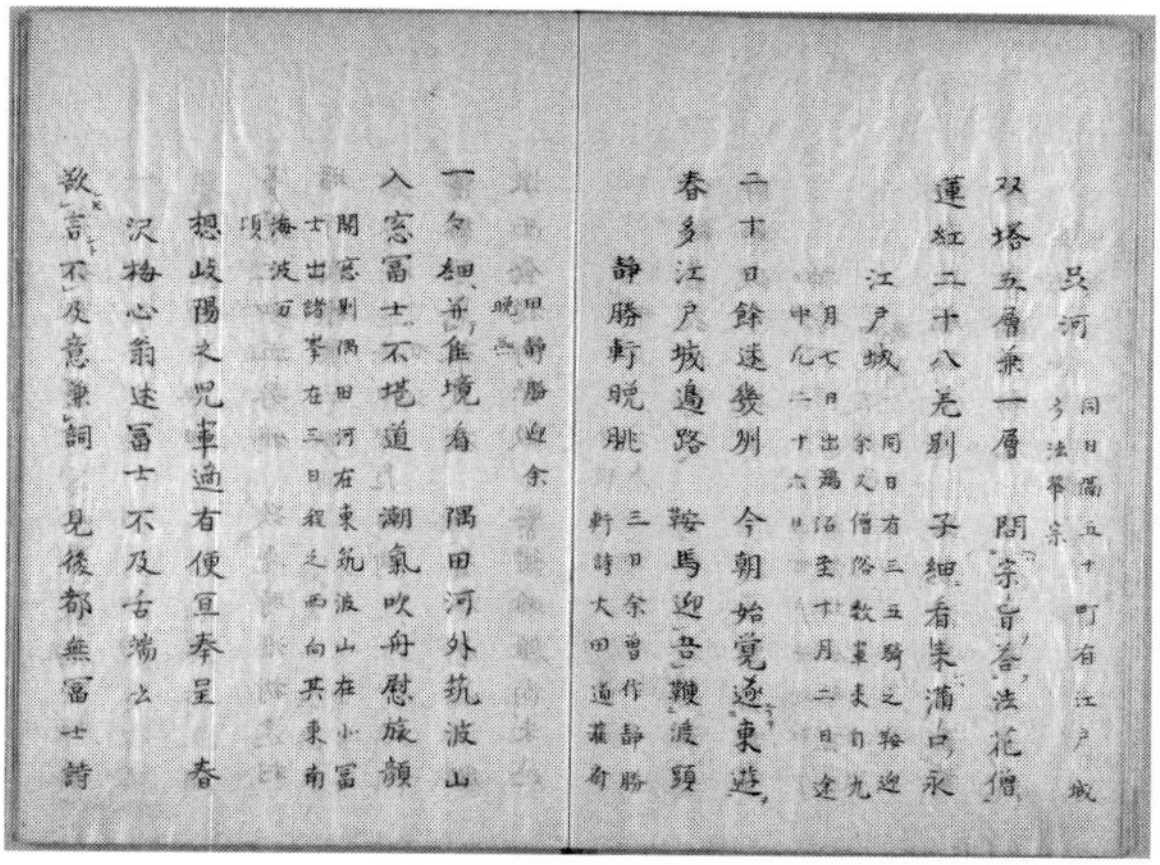

36—『梅花無尽蔵』巻２（部分、国立国会図書館所蔵）

応仁の乱が始まると戦禍を避けて近江に赴き、文明二年（一四七〇）、美濃国竜門寺《りゅうもんじ》（岐阜県七宗《ひちそう》町）の住持となった。若年の時から詩作に励んでいたようだが、応仁の乱によって蔵書が失われた際、それまでの詩稿も失われたかとみられる。

竜門寺住持としての生活は困窮に苦しめられたらしく、翌文明三年には尾張《おわり》国禅源寺《ぜんげんじ》（現在地不明）の近くに居を移し、同七年さらに美濃国鵜沼《うぬま》（岐阜県各務原《かがみはら》市）に移り、文明十年頃還俗《げんぞく》した。ここでの住居を「梅花無尽蔵《ばいかむじんぞう》」と称し、万里の詩などを収めた作品名にも用いられることになった。

鵜沼居住以降、同地の承国寺における詩場に参加するなどして詩作は増えていった。文明十一年、万里は長康子通（大林正通《だいりんしょうつう》）と知り合った。子通は伊豆で学び、尾張で参禅した禅僧で、これ以降、万里の東国との関わりに重要な役割を果たしたことがうかがえる。

すなわち、文明十四年、万里は「関東相公」（扇谷上杉定正《おうぎがやつうえすぎさだまさ》）や「雪下殿《ゆきのしたどの》」（鶴岡八幡宮若宮別当《つるがおかはちまんぐうわかみやべっとう》、当時は成氏弟の尊俶《そんじょう》）のために扇に詩を書き、文明十七年には太田道灌のために静勝軒《じょうしょうけん》の詩を書いているが、いずれも子通の仲介によるものだった。なお、これらに先立つ文明十二年、万里は扇谷上杉定正のために「贋釣斎《がんちょうさい》」（鎌倉扇谷にあった庵）の詩を作っており、この時の仲介者は不明だが、子通だった可能性があろう。伊豆で学んだ子通は東国に何らかのつてがあり、それを通じて万里と東国の人びととを結びつけることになったと考えられる。

万里が東国に赴くことになったのも、子通と道灌とが話し合い、誘ったためだった。おそらく道灌は、文明十二年に万里が「贋釣斎」の詩を作ったあたりから、扇谷上杉定正側の仲介者となるなどして交流するようになっていたのだろう。

文明十七年九月七日、万里は鵜沼を出立し、関東へ向かった。妻子は鵜沼に残したようで、僧十人ほど（うち六、七人は少年）が同行した。人夫や小者《こもの》らを含めればかなりの人数だっただろう。途中浜名湖を渡る際に舟四艘を借りていることもそれを裏づける。舟を用いたのは、右の浜名湖のほかは遠江《とおとうみ》国懸塚《かけつか》（静岡県磐田市）〜駿河国小河（同焼津市）間の海路で、おおむね陸路の行程だった。

関東に入るに際しては、箱根越えではなく、足柄峠《あしがらとうげ》越えを選び、十月二日、江戸城に到着した。二十六日間に及ぶ旅で、懸塚では逆風で舟が吹き戻されるなど、けっして楽だったとはいえず、時間もかかっている。それでも箕形原《みかたがはら》（三方原、静岡県浜松市）で初めて富士山を見た時の感動など、各地の名所・風物に触れたことは、万里にとって貴重な体験だったようである。

江戸城に到着した万里は、さっそく太田道灌の歓迎を受けたが、ここで先に予告していたように、太田道灌の文化人としての側面をみておこう。

太田道灌と学芸

道灌と文化といえば、有名な「山吹の里」の伝承を思い浮かべる読者も多いだろう。すなわち、江戸時代中期の『常山紀談《じょうざんきだん》』に載せられた逸話で、鷹狩りに出かけた道灌が雨に降られ、付近の百姓の家で蓑の借用を願ったところ、応対に出た女性は山吹の花を差し出すのみだった。道灌は怒って帰ったが、それは「七重八重　花は咲けども山吹の　実のひとつだになきぞ悲しき」という古歌になぞらえたもので、「実の」を「蓑」とかけ、貧しいゆえに蓑の用意もないことを察してほしいという意だった。このことを知った道灌はみずからの無知を恥じ、以降文芸にも精進して文武両道の将となったというのである。

もちろん、これも読者の多くは創作か道灌に仮託された話だろうと理解されていると思う。和漢の文芸をある程度たしなむのは、当時の多くの武士に共通しているともいえる。ただ、道灌の場合は、そのように考えてもひときわ熱心だった。これは文明二年（一四七〇）に「河越千句」を主催した父道真の影響も大きかったと考えるべきだろう。

道灌は江戸城の南に静勝軒、東に泊船軒《はくせんけん》、西に含雪軒《がんせつけん》と称する建物を設け、文化的催しを行う社交場とした。しばしば指摘されるように、当時の文化的催しは政治的情報交換の場でもあったことは留意しなければならないが、あまり政治的意図を強調してしまうと本末転倒かとも思う。

道灌の主催で大がかりなものとしては、文明六年六月二十七日の「武州江戸歌合」があげられる。参加者は太田一族や堀越公方府の武将木戸孝範《きどたかのり》、増上寺長老音誉《ぞうじょうじおんよ》らだった。前述したように判者として相模国大山山麓に隠棲していた心敬も名を連ねているが、老齢で翌年死去する心敬が江戸城に来られたか疑問とする説があることも前述のとおりである。

文明八年、道灌は江戸城静勝軒に漢詩を掲げることを思い立ち、京都に使者を遣わして詩文で知られた禅僧希世霊彦《きせいれいげん》に依頼した。希世霊彦はこれを受けようとしたものの、江戸城はもちろん関東にも行ったことがなかったため、友人の正宗龍統《しょうじゆうりゆうとう》（東常縁の弟）に相談した。正宗龍統は江戸城を見たことがあったので序文を書くことを約束し、希世霊彦は正宗龍統から江戸城の様子を聞いたうえで跋文を書くこととした。両者の書いた詩文は八月に完成している。道灌はこのほかにも横川景三《おうせんけいさん》・天隠龍沢《てんいんりゆうたく》・蘭坡景茝《らんばけいし》らにも詩文を依頼しており、静勝軒には彼らの詩文が書かれた板が掲げられた。また、鎌倉建長寺《けんちょうじ》の子純得么《しじゆんとくよう》も道灌の依頼で詩文を献上している。

文明十年、道灌は横瀬氏《よこせし》に招かれ、上野国金山城《かなやまじょう》を訪問した。訪問自体は相互の同盟関係強化の意味合いが濃かったと思われるが、三日間の滞在中、あまり戦争に関わる話は出なかった。飛鳥井雅親《あすかいまさちか》の歌や兵書などに関する雑談があったといい、道灌は漢籍の十三経五子三史の巻数を尋ね、居合わせた新田岩松《にったいわまつ》氏の政僧松陰《しょういん》が詳しく答えたので称讃している。

道灌は、和漢の文芸に大きく傾倒するだけでなく、兵学や漢学にも並々ならぬ関心を寄せており、文武両道と簡単にいってしまうのは惜しいほどである。都鄙《とひ》和睦後、ようやく「平和」が訪れて余裕も出てきたなか、かねて親しく仲介していた万里を招請したくなったのも、ごく自然な成りゆきであった。

江戸城の万里

江戸城に到着した万里は、しばらく城内に滞在していたが、隅田川上流に居を与えられた。この地は三河島《みかわしま》（東京都荒川区）のあたりかとも推定されている。近くに歌人としても有名な木戸孝範が住んでおり、交流を重ねることとなった。孝範は堀越公方に付されていたが、この頃は道灌に従って行動していたのである。

さらにその後、万里は江戸城内に居宅が新築されて移った。この居宅も鵜沼の本宅同様「梅花無尽蔵」と称された。

万里は前述したように、江戸城に向けて旅立つより以前、道灌の要請に応じて静勝軒の詩を書いていたが、江戸城到着後、その詩と道灌が別に鎌倉五山の長老たちに依頼した詩文とに序文をつけてほしいとの依頼をされた。

これは、道灌が文明八年（一四七六）に希世霊彦らに書いてもらった詩文が静勝軒南壁に掲げられていたのに対し、東壁に掲げることが意図された事情によっていた。南壁の詩文はかなりの量があったので、釣り合いをとるために万里もかなり長い序をつけることとなったのである。完成は文明十八年に入ってからだった。

道灌は万里を厚く遇し、幾度となく詩歌会も行った。隅田川に船を浮かべ、鎌倉建長寺・円覚寺《えんがくじ》の長老や少年も招いて船遊びを楽しむこともあった。また、文明十八年の春には道灌が江戸城の北側に建てた菅原道真廟をともに詣で、咲き誇る数百の梅の前で詩や歌について論じたりした。道灌と万里はこうした交流を通じ、文化的共感、親密さを増していったのである。なお、万里は江戸城に妻子も呼び寄せたようだが、これも道灌の配慮によるものだろう。

文明十八年六月、第三章でもふれたように、道灌は万里を伴って越生に隠棲している父道真を訪ねた。万里の同行は道真の所望か、道灌の誘いか。おそらく両方だっただろう。ここで数日詩歌会が催された後、二人は江戸城に戻った。

そのわずか一か月後の七月二十六日、道灌は主君扇谷上杉定正によって相模国糟屋館《かすややかた》で謀殺された。万里の驚きはいかほどのものだったか、想像するにあまりある。

八月十日、万里は道灌の二七日忌にあたって霊前で祭文《さいもん》を読み、その後、幾度も道灌を偲ぶ詩作を行っている。いずれの詩にも道灌への敬愛・追慕、その死への悲憤がうかがわれる。第三章では、道灌の人物像について「毀誉《きよ》褒貶《ほうへん》さまざまに評価されていた人物だったと思われる」と述べたが、意気投合した相手にとっては、たいへん魅力的な側面があったのだろう。

万里の鎌倉行と交流

盟友ともいえる道灌を失い、万里は帰還の思いに駆られたが、なかなか実現できないでいた。それは、一つには扇谷上杉定正の慰留が原因だった。道灌を殺害した張本人に引き留められ、万里の心中は複雑だったに違いないが、有力武将の願いであれば、無下に振り切るわけにもいかなかった。

37―鎌倉大仏（神奈川県鎌倉市高徳院、フォトライブラリー提供）

文明十八年（一四八六）十月二十三日の明け方、万里は子の京子（百里等京《ひゃくりとうけい》）とともに江戸城を出て、同日夕刻鎌倉山内に入り、雪の下、扇谷を通って建𨗉寺に到着し、宿泊した。建𨗉寺は不詳だが、扇谷上杉定正が造営した寺院で、このことから万里の鎌倉旅行は、道灌の死で沈んでいる万里の気を晴らすために、定正がはからったことと推定されている。

翌二十四日、万里は寿福寺《じゅふくじ》、長谷寺《はせでら》、鎌倉大仏、鶴岡八幡宮などを廻った。大仏はすでに殿舎が失われており、胎内でしばしば白昼から博奕《ばくち》が行われていたという。その後明月院《めいげついん》に玉隠英璵《ぎょくいんえいよ》を訪ね、ここで玉隠をはじめとする人びとと連句《れんく》を作成し、そのまま宿泊することとなった。

二十五日、万里は円覚寺訪問に一日を費やした。寺内帰源庵《きげんあん》で叔悦禅懌《しゅくえつぜんえき》に茶を振る舞われているが、あるいはこの時が、後述する万里と叔悦との交流の始まりかと考えられる。この日も明月院に宿泊している。

二十六日、万里は鎌倉から出て江の島弁財天に詣でた。参詣後、島外に出ると建悳寺僧が迎えに来ており、建悳寺に宿泊した。二十七日も鎌倉の外へ出て瀬戸・六浦《むつら》の浜を歩き、金沢称名寺《かなざわしょうみょうじ》を訪れたが、この日の宿泊地は不明である。

二十八日、万里は建長寺を訪れた。寺内各所をまる一日かけて廻り、竺雲顕騰《じくうんけんとう》を訪ねたところ留守だったが、偶然玉隠英璵らに会って連句を催して五十韻の詩を作成した。この日は建長寺に宿泊した。

二十九日、万里は荏柄天神《えがらてんじん》、瑞泉寺《ずいせんじ》などを廻ったが、この日の途中で鎌倉旅行の記事は途切れ、いつまでの滞在だったか、どのような経路で江戸城に帰還したかは不明である。

定正の配慮をどのように受けとめたかはともかく、万里の鎌倉旅行は各所を精力的に廻り、多くの高僧・老僧とも交流することができ、意義深いものだったといってよい。とりわけ、叔悦禅懌とは親しい交流が続くことになった。

万里が帰還しなかったもう一つの理由は、この叔悦との関係にあるとみられる。すなわち、万里は叔悦の依頼により、宋《そう》の詩人黄庭堅《こうていけん》（号は山谷）の大著『黄太史集』二十巻を講義することとなり、これを完了させたかったのである。

道灌の死後、山内・扇谷両上杉が相争い、戦乱で慌ただしいなか、講義を聴く者はあまりいなかった。万里もあまり気乗りしていなかったが、叔悦の熱心さに心を動かされたようである。叔悦はのちに円覚寺住持となるが、この頃は江戸城内あるいは近辺に所在した芳林院《ほうりんいん》の住持でもあった。道灌の一族でもあり、熱心に講義を受ける姿勢と相まって万里とはかなり親しくなっていった。

万里が詠じた元旦の詩の韻脚を用いて叔悦が詩を作成し、それにまた万里が次韻して詩を作成したり、ともに雪の詩を詠んだりした。叔悦の碁好きを万里がやんわりとたしなめているあたりは、両者の親しさゆえであることがうかがわれ、微笑ましい。

万里の帰還

長享二年（一四八八）四月から七月にかけて、万里は叔悦への『黄太史集』講義を終えた。道灌の死から二年を経ており、いよいよ鵜沼へ帰る気持ちがかたまった。

七月二十六日の道灌三回忌にあたり、七日前に仏前に供え物をして僧侶に食を進めた。その際、焼香に代えて詩を作成し、祠堂の壁に書きつけ、美濃へ帰る気持ちを道灌の霊に告げた。

八月十四日辰刻、万里は朝食を摂ったのち、江戸城を出立した。妻子と伴の僧二名とが同行していた。数十人の僧侶・俗人が七、八里、盛大に見送った。この日は白子《しらこ》（埼玉県和光市）で宿泊した。

翌十五日、万里は豊田武庸なる人物の屋敷に宿泊し、月見の詩を詠んでいる。これがどこかは明確でないが、『梅花無尽蔵』の同じ箇所には、万里が扇谷上杉定正に引き留められたこと、しかし亡き道灌の気持ちを考え断ったこと、定正から（餞別として）馬一頭と青銅二千疋《ひき》を送られたことが記されている。これらのことから豊田は扇谷上杉定正の家臣で、万里は河越城の定正に別れの挨拶に赴いたのち、豊田の屋敷に宿泊したと推定されている。

十六日、万里は越生の龍隠寺《りゅうおんじ》に宿泊した。越生は道灌の父道真が隠棲している地であり、明記はされていないが、万里は道真に会い、別れの挨拶をしたと考えられる。

十七日、万里は須賀谷《すがや》の北、平沢寺《へいたくじ》（埼玉県嵐山町《らんざん》）に陣していた太田《おおた》資康《すけやす》（道灌の子）を訪ねた（第三章参照。以下、同章と若干の重複があることをご了承願いたい）。資康は道灌が謀殺された後、江戸城を出奔し、甲斐《かい》を経て山内上杉顕定《やまのうちうえすぎあきさだ》の陣営に身を投じていた。資康からは二、三十騎の武士が迎えによこされ、万里も資康の無事を祝した。

これから万里は資康の陣に一か月あまり滞在し、その間、相模東部に勢力をもつ三浦道含《みうらどうがん》・義同《よしあつ》父子や山内上杉顕定らと交流し、詩会なども開かれた。万里にとって道灌死後の江戸城よりもよほど居心地がよかったのは、たしかであろう（滞在が長くなったのは天候の事情などもあったようだが）。

九月二十六日、万里は平沢寺を出立し、鉢形城《はちがたじょう》（埼玉県寄居町）へ向かった。顕定家臣の尻高《しったか》孫次郎という者が案内・護衛のために付けられていた。その後、上野国角淵《つのふち》（群馬県藤岡市）、白井（同渋川市）、小山中、沼田（同沼田市）、相間田《あいまた》などを経て十月二日、三国峠《みくにとうげ》を越えて越後国へ入り、二井（新潟県湯沢町）に宿泊した。

十月五日、万里は上田荘《うえだのしょう》（新潟県南魚沼市・湯沢町）の大義寺《だいぎじ》に到着し、ここで尻高は引き返していった。その後、柏崎（同柏崎市）、柿崎（同上越市）などを経て十一日、府中（同上越市）に到り、十三日には守護上杉房定と面談した。万里は府中で寺々を廻って僧侶たちと交流し、房定の館で詩会に参加するなどして一か月あまりも滞在し、十一月十六日に出立した。

38—平沢寺（嵐山町提供）

十一月十八日、万里は能生《のう》（新潟県糸魚川市）に到着した。前述したように、二十一日、房定の使者から武蔵高見原《たかみはら》（埼玉県小川町）での山内・扇谷両上杉の合戦、山内方勝利の報を聞き、大いに喜んで祝いの詩を作った（第三章参照）。しかし、旅路は雪に阻まれ、長期滞在を余儀なくされることとなった。それでもこの間、房定はしばしば万里に贈り物をしており、手厚く遇していた。

四月二十九日、万里はようやく能生で大半を過ごした太平寺《たいへいじ》を出発した。実に五か月にわたる能生滞在だったが、その後はまずまず順調で、越中国《えつちゅう》、飛驒国《ひだ》を経て五月十二日、美濃国鵜沼に帰還した。

万里にとっての関東は太田道灌と一体のものだった。代表作である『梅花無尽蔵』は関東滞在がなければ成立しなかったか、まったく趣の異なるものとなっただろう。その意味で、『梅花無尽蔵』は万里と道灌が共同でつくりあげたともいえる。万里はもちろん関東に下向しなくとも当代きっての詩人の一人だっただろうが、関東への旅と滞在は万里にたいへん大きな影響を与えたのである。

3 旅と紀行文

聖護院道興と『廻国雑記』

ここまで、東国への旅のなかから展開をみせた文化、あるいは文化の担い手をみてきたが、次に旅そのものを書き著した紀行文を取り上げよう。

紀行文は、すでに宗祇の『白河紀行』に関して、部分的にふれたところだが、以下ではまず、旅路の長さにおいて抜きん出ている聖護院門跡道興《しょうごいんもんぜきどうこう》の『廻国雑記《かいこくざつき》』を取り上げる。

道興は近衛房嗣《このえふさつぐ》の子で、永享二年(一四三〇)に生まれた。父も弟の政家《まさいえ》も関白となっている。幼少期に出家して寛正三年(一四六二)聖護院義観の隠居により、聖護院門跡を継いだ。文明八年(一四七六)前将軍義政《よしまさ》の勘気《かんき》を蒙って一時門跡の地位を追われるが、同十一年赦免され、復帰した。

『廻国雑記』は、道興が文明十八年六月から翌十九年五月にかけて北陸から東日本を廻った旅の紀行文である。聖護院門跡は各地に散在する山伏《やまぶし》を統括する立場にあり、従来、この旅も山伏の組織化が目的とされていたが、近年は異論も出ている。ただ、まったく私的な旅ともみえないので、少なくとも各地の山伏に対する何らかの働きかけは意図していたのだろう。

内容的には、各地の名所・歌枕《うたまくら》などを訪れた際に詠んだ歌・発句・漢詩が中心となっているが、総じて関連する記事は簡略であり、人びととの交流などにふれるところも少ない。それでも、当時の交通や地名を知るためには、きわめて有益な資料（史料）といえる。

文明十八年六月上旬、道興は公武に暇乞いをして十六日に長谷（京都市左京区）を出立した。若狭《わかさ》〜越前《えちぜん》〜加賀《かが》〜能登《のと》〜越中と旅して七月十五日、越後国府（新潟県上越市）に到着した。ここでは、守護上杉房定が宿坊《しゅくぼう》を用意しており、しかも房定自身が中途まで迎えに出てくれていた。道興は七日滞在したが、その間「毎日色をかへたる遊覧ども」があったといい、手厚くもてなされたものと思われる。

その後、上野、武蔵、下総《しもうさ》、上総《かずさ》、安房《あわ》と廻り、船で相模国三崎（神奈川県三浦市）に渡って九月の初め頃、鎌倉に入った。ところが、なぜかそこからそそくさと北上し、日光山、筑波山を詣でて南下、十月にふたたび鎌倉に入り、今度は所々を巡見した。

初度の鎌倉入りの際、下総の「こほりの山」（茨城県古河市）から上総の「千種《ちくさ》の浜」（千葉県市原市）まで、また日光山への北上の際、鎌倉から下総の「鳥はみ」（茨城県古河市）までは、地名の記載がなく、水上交通を利用した可能性が指摘されている（高橋一九八七）。

ついで、箱根を越えて伊豆国三島を経て駿河国浮島が原（静岡県沼津市・富士市）に到り、相模、武

39―聖護院道興歌碑（山梨県大月市、大月市教育委員会提供）

蔵へと引き返していった。道興は十二月から翌文明十九年正月末頃まで十《じゅう》玉坊《ぎょくぼう》（埼玉県富士見市）に滞在したが、その間、山内上杉氏の宿老《しゅくろう》大石定重《おおいしさだしげ》の館に招かれ、歓待されている。

正月末、道興はようやく十玉坊を出立し、甲斐に入って花蔵坊という山伏のところに十日ほど滞在した。この間、甲斐国守護武田《たけだ》信昌《のぶまさ》の歓待を受けている。その後、甲斐東部を廻って武蔵に戻り、上野・下野を経て奥州へ入った。

白河関跡に到り、歌を詠んだ後、白河道朝（直朝）の館で歓待を受けた。道朝自身は妻が亡くなった嘆きで姿を見せなかったが、歌数寄《すき》とのことを聞いた道興は、一首を詠んで託した。

ここからさらに奥州の旅を続け、宮城野（宮城県仙台市宮城野区）・松島（同東松島市・松島町・利府町・塩竈市・七ヶ浜町）・塩釜《しおがま》（同塩竈市）を廻り、三月末頃名取川《なとりがわ》に到ったところで『廻国雑記』は終わっている。これについては、四月に聖護院が強盗に打ち入られ焼亡しており、その知らせを受けて旅の予定を切り上げたことが推定されている（高橋一九八七）。道興が帰京したのは五月十九日だった。

道興とほぼ同じ時期に東国を旅し、紀行文を著した人物として堯恵《ぎょうえ》がいる。堯恵は道興と同じ永享二年（一四三〇）の生まれで、堯孝《ぎょうこう》のもとで歌を学んだ。

堯恵と『北国紀行』

堯恵は文明十七年（一四八五）秋から美濃国郡上《ぐじょう》（岐阜県郡上市）に滞在していたが、これは同地の東《とう》頼数《よりかず》（東常縁の子）に古今伝授を行うためだった。文明十八年五月末、堯恵は東国へ旅立ち、相模国芦《あし》名《な》（神奈川県横須賀市）の東常和《つねかず》（頼数の弟）のもとに三か月以上留まることになるが、これも古今伝授のためだったと推定されている。この旅の記録が『北国紀行《ほっこくきこう》』だが、もともと書名はなかったか別のものだったと考えられており、『北国紀行』が一般化するのは『群書類従《ぐんしょるいじゅう》』活字版によるとされている。各地の名所・歌枕などを訪れた際、歌を詠み、書き留めているのは、他の紀行文同様である。

文明十八年（一四八六）五月末、美濃国郡上を出立した堯恵は、飛驒・越中を経て六月十三日、越後国府中（新潟県上越市）の海岸に到着した。ここでは守護上杉房定が旅宿を手配してくれており、歓待もあったのか、長期滞在となった。八月十四、十五日には、府中を拠点としたまま信濃国善光寺《ぜんこうじ》（長野県長野市）まで足を伸ばしている。

八月末、ようやく府中を出立した堯恵は、柏崎を経て三国峠を越え、九月九日には上野国白井（群馬県渋川市）に到った。白井城には上杉房定の子息定昌がおり、歓迎を受けた。その後、草津（同草津町）・伊香保（同渋川市）などの温泉をゆったりと巡っている。

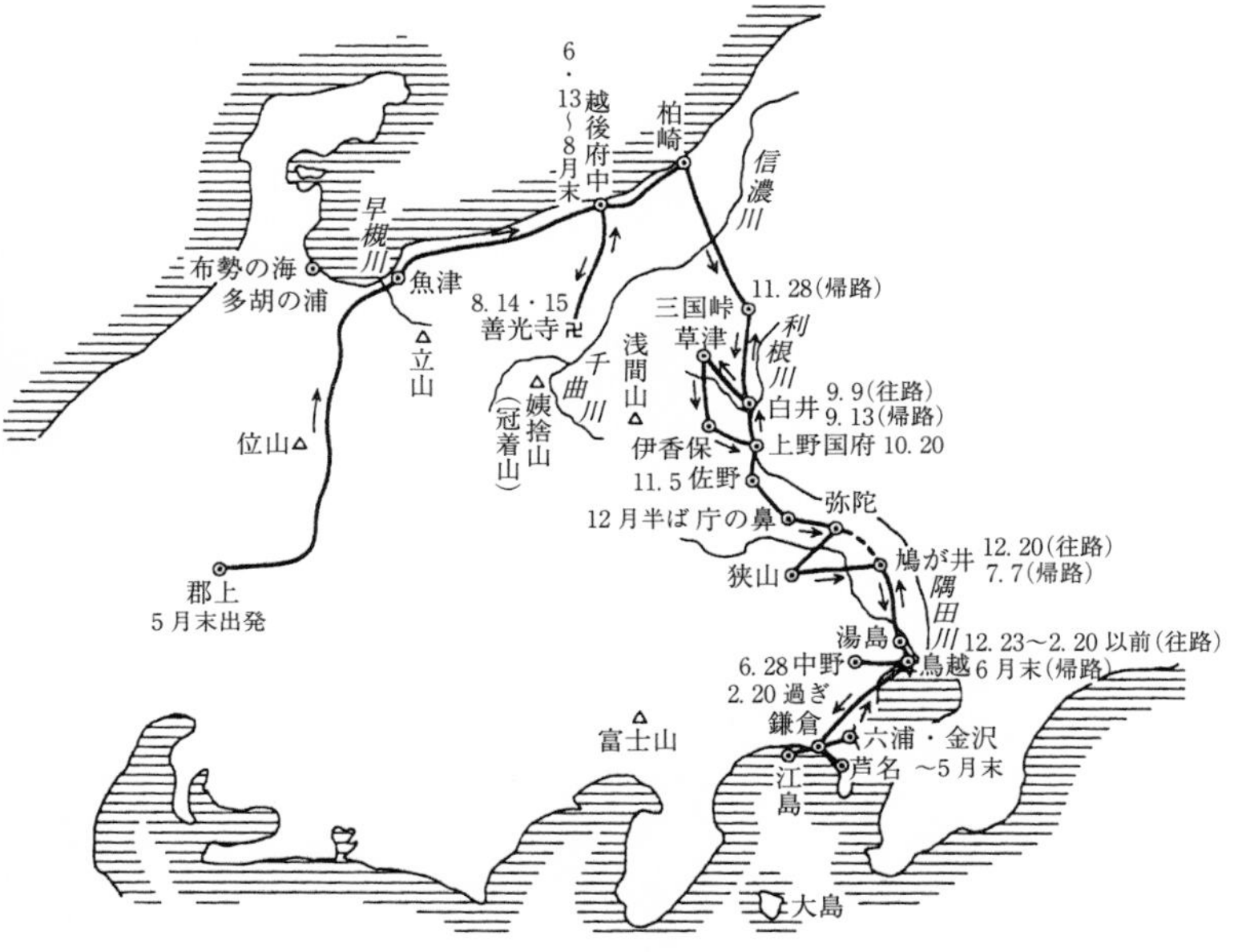

40—『北国紀行』の行程（福田他校注 1990 より転載）

十月二十日、堯恵は上野国府（群馬県前橋市）の山内上杉氏被官《ひかん》長野某の陣に到着した。いまだ戦陣が払われないままだという。この年は、七月に太田道灌が扇谷上杉定正に謀殺されるという大事件が起きているが、ここでの戦陣は享徳の乱中以来のものかと思われる。

堯恵は、定昌の助言によって関東管領《かんとうかんれい》山内上杉顕定（定昌の実弟）が旅宿を本陣《ほんじん》に移してくれたおかげで、寒さをしのぐことができた。滞在中は長尾顕忠《ながおあきただ》の陣所で歌会なども行っている。

十二月半ば、堯恵は武蔵国に入り、隅田川河口の鳥越《とりごえ》（東京都台東区）で越年した。ここでは善鏡《ぜんきよう》という翁の世話になり、文明十九年二月初めには同人のお膳立てによって隅田川で悠々と船遊びをしている。

二月二十日、堯恵は鎌倉に入り、翌日鶴岡八幡宮に詣でた後、三浦半島を進み、芦名に到って、東常和に会った。前述のとおり、古今伝授を行うためだったが、合間には常和に誘われて泊まりがけで鎌倉・江の島に赴き、寺社巡りなどもしている。

古今伝授の完了日は記されていないが、堯恵は五月末〜六月、帰途についた。往路とほぼ同じ道筋をたどり、九月十三日にはふたたび白井の上杉定昌に会い、同月晦日には長野某の陣所で歌会が行われたようである。

十一月二十七日、翌日三国峠を越える予定を述べ、『北国紀行』は終わっている。なお、越後では上杉房定がふたたび旅宿を準備し、案内者を手配していたようである。

旅・交通・文化

ほぼ同じ頃に旅をして紀行文を著した道興と堯恵だったが、内容には共通しているところと異なるところとがあった。

異なるところから述べると、道興は歌を詠んだり、漢詩を作成したりしていても、それに関わる描写、また、人との交流の記述などが総じて簡潔であるのに対し、堯恵は詳細というほどでもないが、名所の風景やそれについての感懐を述べながら歌を詠み、また世話になった人物も道興より多く登場する。道興は門跡という高い地位にあり、そもそも俗界でも五摂家《ごせっけ》の一つ近衛家の出自という身分だから、世話をしようという人は堯恵よりもかなり多くなりそうなもので、一見すると違和感がある。

　これらの点は、道興・堯恵の目的の違いから来ているところが大きいと思われる。道興は、散在する山伏に対する何らかの働きかけを目的としており、いわばこれは聖護院門跡としての「公務」である。したがって、宿泊先も山伏の宿坊が多く、それぞれでの滞在も長めである。そこで何をしていたかは記述していないが、山伏統括のため、聖護院門跡の威光を遺憾なく見せつけようとしていたことは間違いないだろう。

　名所で歌を詠んだり、漢詩を作成したりすることはあくまでその途次での副産物であったといえる。ただ、その副産物を簡略であっても形にして残そうとしたわけであり、「公務」の合間の「作品」、それをもたらした旅は、道興にとってそれなりに大切なものだった。

　そこで、旅程と「作品」とを簡略にまとめた記述を残すこととしたのではないか。「公務」に関わるところは残すつもりもなく、そもそも残してはよろしくない事柄も多々あったと考えられるのである。

　一方、堯恵はもちろん古今伝授という目的はあったが、それは強制され、急がされるというものではなかった。そこで名所・歌枕などを廻りながらの悠然たる旅となった。目的の古今伝授も、合間には教授される東常和自身が堯恵を遊びに誘っているほどだった。

　次に、共通しているところを述べよう。これは、各地の有力者の歓待であるというのは一目でおわかりいただけるだろう。とくに、越後守護上杉房定の存在が際立っている。もちろん、房定自身が文芸好きだったことは大きいが、越後上杉氏が培ってきた京都との密接な関係も見のがすことはできない。いちはやく文人が京都から旅に出る情報をつかみ、また文人の側も頼りにすることが多かったのだろう。

宗祇が老齢を押して越後を何度も訪れ、万里がおそらく豪雪が予想されたにもかかわらず、冬の越後を帰路に選んだ（実際、数か月動けなくなった）ことから考えても、房定への信頼の度合い、存在の大きさがわかるのである。

房定の場合から一つ考えておきたいのは、自身が文人を歓待するということもあるが、旅宿の手配・配慮である。ここまでみてきたなかでは房定に目立っていたことだが、他の有力者でも多く行われていただろう。旅は長途にわたればわたるほど、通行それ自体に加え、宿泊先の確保が重要となる。安全な通行・宿泊によって長い旅は可能となるのである。

こうしたところからいえば、戦争は明らかに旅を阻害するものである。道興・堯恵や万里が東国に行くのは、享徳の乱終結後、長享の乱勃発以前であることはそのことを物語る。

だが、実はそれだけではないことに多くの読者がお気づきだろう。心敬は応仁の乱の影響で東国へ行くことを決心したのであり、また、周知のように多くの文人・芸能者・芸術家が戦争を避けて地方を目指した。戦争による旅もあるわけで、戦争は旅を阻害し、また促す側面もあったのである。

旅は紀行文のような作品を生み出し、また旅によって文化は新たな展開をみせ、活性化した。だが、それは戦争と複雑に絡み合っていたわけで、この問題には留意しておく必要があろう。

六　踏み出していく社会

1　伊勢宗瑞の登場

「北条早雲」

戦国大名というと、有名どころは上杉謙信・武田信玄・伊達政宗・毛利元就等々、さまざまだが、一般の人気や知名度の点では彼らにやや引けを取ると思われるものの「北条早雲《ほうじょうそううん》」という人物がいる。いうまでもなく小田原北条氏《おだわらほうじょうし》の祖であり、関東、東国ひいては東日本、さらには列島の戦国時代を語る上で欠かせない存在である。そこで、この人物について、やや詳しくみていくことにしよう。

かつて「北条早雲」といえば、「下剋上」「成り上がり」戦国大名の代表として取り上げられていた時期もあった。伊勢《いせ》、あるいは山城宇治《やましろうじ》などの素浪人出身とするのは、その最たるものであろう。そこまでいわなくとも、のちにみる彼の伊豆《いず》打ち入りをもって戦国時代開幕の指標とする説も出されるなどしており、その点からいえば、戦国時代を象徴する存在とされていたとしてもよい。

だが、現在は研究が進み、室町幕府政所執事伊勢氏《まんどころしつじいせし》の同族で備中荏原荘《びっちゅうえはらのしょう》（岡山県井原市）に所領をもつ伊勢盛定《もりさだ》が父であり、政所執事を勤めた伊勢貞国《さだくに》の娘が母であると確定している。盛定は文安《ぶんあん》年間（一四四四〜四九）に将軍義政《よしまさ》の申次《もうしつぎ》（将軍の身辺に仕え、さまざまな取り次ぎを行う役職）を勤めており、幕府内で高い地位を得て活躍していた。つまり、「北条早雲」は素浪人どころか幕府高級官僚の家柄出身だったのである。

「北条早雲」の実名《じつみょう》は長氏《ながうじ》とか氏茂《うじしげ》とかされていたが、確実な史料にみえるものではなく、これも現在は盛時《もりとき》であることがほぼ確定している。さらに、「早雲」は「早雲庵」という庵号であり、法名は「宗瑞《そうずい》」である。名字の「北条」も、「伊勢」から改められるのは彼の嫡子氏綱《うじつな》が当主の時であり、彼自身の名字は終生「伊勢」だった。仮名《けみょう》として知られる「新九郎」は、それで間違いないようである。

さすがに、近年では高校教科書などでも「北条早雲（伊勢宗瑞）」と併記するようになってきているが、逆にいえば俗称の「北条早雲」がまだまだまかり通っている。それだけ親しまれてきたということでもあろうが、以下では史実に基づくべきとの考えから「伊勢盛時」「伊勢宗瑞」とする。出家の時期は明応《めいおう》元年（一四九二）五月から同三年九月の間とされているので（家永二〇〇〇）、おおむねそのあたりまで「盛時」、その後は「宗瑞」とする。

41—伊勢宗瑞画像（法泉寺所蔵）

なお、宗瑞の生年は長らく永享《えいきょう》四年（一四三二）とされていたが、現在では康正《こうしょう》二年

42—伊勢氏系図

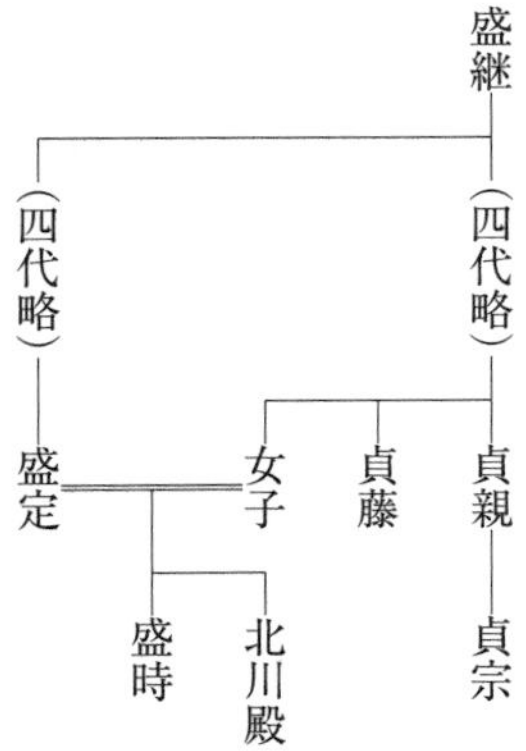

（一四五六）説が有力である。

駿河以前の盛時

盛時の父盛定は、十五世紀の半ばには、義兄弟で将軍義政の近臣として活躍していた伊勢《いせ》貞親《さだちか》の指示で、遠江守護《とおとうみしゅご》だった斯波義廉《しばよしかど》の廃嫡に動いており、そこから遠江守護を今川氏《いまがわし》に奪還しようと画策していた駿河《するが》守護今川義忠《よしただ》との関係が生じたとみられる（家永二〇〇〇）。義忠は実力者伊勢貞親との連携を得ようとして、義兄弟盛定の娘を正室に迎えた。これが「北川殿」と称される人物である。北川殿は盛時の妹とされていたが、現在では姉とみなされている。

貞親は文正《ぶんしょう》元年（一四六六）の政変（第二章参照）で失脚してしまうので、義忠のあては外れたが、この婚姻による縁が盛時を今川氏のもとへ向かわせることになるわけである。

文明《ぶんめい》八年（一四七六）義忠が横死して後継者問題が発生した時、盛時は駿河に下向して調停にあたり、一方の後継候補である小鹿範満《おしかのりみつ》を支援するためにやってきた太田道灌《おおたどうかん》・犬懸上杉政憲《いぬかけうえすぎまさのり》とわたりあったというが、いまだ下向していないとの説もある。また、後継者問題を収めた功により、駿河下《しも》方荘《かたのしょう》（静岡県富士市）や興国寺城《こうこくじじょう》（同沼津市）を与えられたともいうが（『今川記』）、この時は道灌らの力で小鹿範満が家督に据えられており、北川殿の子竜王丸《りゅうおうまる》（のちの氏親《うじちか》）を推したであろう盛時が報賞を受けられる筋合いはない。少なくとも所領給与については、のちのことと混同された誤りといえよう。
盛時は、文明十三年九月には幕府から徳政令《とくせいれい》の適用を受け、同十五年十月には将軍義尚《よしひさ》の申次に加えられているから、本拠がいまだ京都だったことは間違いない。文明末年に将軍の弓馬師範である小笠原政清《おがさわらまさきよ》の娘と結婚し、長享《ちょうきょう》元年（一四八七）には嫡子（のちの氏綱）が誕生している。

ここで、徳政令の適用という点をもう少しみてみよう。これは、室町幕府の「賦引付《くばりひきつけ》」という訴訟記録に記載されているものである。十五世紀の半ば、徳政一揆《とくせいいっき》に悩まされていた幕府は、債務者に対して、債務の十分の一（五分の一の場合も）の銭を幕府に支払えば、当該債務を破棄する政策を打ち出した。この政策を分一徳政《ぶいちとくせい》と称するが、盛時は庄伊豆守《しょういずのかみ》の被官《ひかん》である渡部帯刀丞《たてわきのじょう》から借銭し、未返済だった十六貫文に対して分一徳政適用を申請した。また、盛時の被官小林山城守《やましろのかみ》氏職も同一人物から借銭し、未返済三十三貫文の分一徳政適用申請をしている。さらに、「政所賦銘引付《まんどころくばりめいひきつけ》」という訴訟記録には、文明六年、盛時の父盛定が具足を二十貫文で売却し、その代金が支払われなかったため、訴訟を起こしていることがみえる。

これらのことから盛定・盛時父子が経済的に困難な状況にあり、盛時が荏原荘内の所領を同族伊勢盛頼《もりより》に売却して新たな道を模索することになった、つまりは駿河に赴く要因となったことを推定する説がある（池上二〇一七）。

当時はあらゆる階層で困窮する者・蓄財する者の色分けが進んでおり、身分・地位の高い幕府官僚も例外ではなかった。社会の経済状況が、長い目でみれば東日本の政治過程に大きく影響を及ぼすことになったとすれば、興味深い。

駿河以後の盛時

盛時は文明十九年(一四八七)四月にも将軍義尚の申次として活動していることが確認されるが、同年五月より以降、駿河に赴いた(七月二十日、長享に改元)。甥竜王丸を名実ともに今川氏家督に据える目的だったとみられる。小鹿範満の有力な支持者だった太田道灌はすでに亡く、機は熟していた。

ほどなく竜王丸を擁する勢力は兵を挙げたようで、十一月九日、範満が死去したことが確認できる。範満派もすぐには掃討されなかったのか、翌長享二年正月十四日、駿河高橋(静岡市清水区)で戦いがあった。それでも同年半ば頃には、ようやく駿河国内は安定してきたようである。

ここに至り、盛時は下方荘などを得たと考えられる。また、拠点として興国寺城に入ったとされるが、盛時の頃には寺院である興国寺を城郭として整備し始めた段階だったのではないかという(家永二〇〇〇)。盛時の拠点としては、ほかに石脇城《いしわきじょう》(静岡県焼津市)があり、こちらは、のちに北条氏重臣大道寺盛昌《だいどうじもりまさ》が述べているところから、確実に在城していたことが知られる。下方荘と石脇城では、駿《すん》府《ぷ》を挟んで東西にやや離れているが、右の盛昌の証言によれば、盛時は石脇城にいた頃から駿東郡《すんとう》の人びとと親密に交流していたようであり、それを足がかりとして興国寺(城)に拠点を移したと考えられる。

43—興国寺城跡（沼津市教育委員会提供）

ともあれ、竜王丸を今川氏家督に据えることに成功し、所領を駿河に得た盛時は、竜王丸の後見ということもあり、本拠を駿河に移しつつあったと考えられる。ただし、幕府との関係を断ってしまったということではなく、延徳《えんとく》三年（一四九一）五月には、十代将軍義材《よしき》の「御申次」を務め、また、幕府の奉《ぶ》行人奉書《ぎょうにんほうしょ》が竜王丸に対し発給されたのを取り次いでいる。さらに、同四年（七月十九日明応に改元）五月十九日〜明応二年正月十七日の間に成立した「東山殿《ひがしやまどの》時代大名外様附」という史料では、将軍直属軍である奉公衆《ほうこうしゅう》の一番衆に名がみえる。つまり、幕府・将軍との関係は保ちつつ、おそらくは必要に応じて京都と駿河を往還しながら、両属的な活動を続けていたとみられるのである。

　こうしていよいよ伊豆打ち入りが迫ってくるわけだが、打ち入られる側は、何故打ち入られることになったのか。何が起きていたのか。以下では、そのあたりの事情をみておくことにする。

足利政知の構想と挫折

文明十四年（一四八二）の都鄙《とひ》和睦の結果、堀越《ほりごえ》公方府《くぼうふ》は伊豆一国と古河《こが》公方《くぼう》足利成氏《あしかがしげうじ》の御料所《ごりょうしょ》一か所を得ることとなった。新しく関東の支配者となるつもりだった堀越公方政知《まさとも》としては、満足のいくはずもない結果だった。

そこで政知は遠大な構想を描いた（以下、家永二〇〇〇によるところが大きい）。まず、目をつけたのが京都の将軍義尚が病弱で嫡子に恵まれていなかったことである。文明十九年三月、政知の次子が上洛し、天龍寺香厳院主《てんりゅうじきょうごんいんしゅ》となった。法名は清晃《せいこう》である。出家はしているものの、事が起きれば将軍後継者として名乗りを上げさせる下準備だったとみられる。政知は幕閣の有力者細川政元《ほそかわまさもと》とも提携したので、清晃は有力な後継候補となった。

さらに、政知は清晃の同母弟潤童子《じゅんどうじ》を自身の後継堀越公方に据えることを考えた。すでに清晃・潤童子兄弟には、異母兄である茶々丸《ちゃちゃまる》がいたが、これを排除しようとした。つまり、政知は清晃を将軍とし、同母弟の潤童子を堀越公方としたうえで、幕府の支持のもと古河公方を討滅し、西と東の支配を成し遂げようとしたのである。茶々丸は異母兄弟とは関係がよくなかったため排除されることになったのであろう。

だが、政知のやり方は強引なところがあったようで、執権の犬懸上杉政憲は茶々丸排除に反対した末、自殺してしまった。思い起こせば、政憲は長尾景春《ながおかげはる》が都鄙和睦を進めようとした際に、同調する動きを示していた。古河公方が幕府と和睦してしまえば、その代わりに関東を統治するはずだった堀越公方の存在は宙に浮いてしまう。それを承知していないはずはなかったのに、政憲は何故和睦に加担したのか。

和睦加担の時点で政知との間に確執が生じていたのか、または加担したために確執が生じたのかはわからないが、政知と政憲との間には溝があったと考えられる。してみれば、茶々丸排除を防ごうとして政憲が諫死《かんし》したと素直に受けとめにくいところがあるわけで、むしろ自殺に追い込まれた可能性が高いのではないか。

ともあれ、茶々丸を支持する有力者だった政憲の死は、政知の構想にとって有利に働いたことは間違いない。一方、京都では長享三年（一四八九）将軍義尚が死去し、翌年父親の義政も死去すると、日野《ひの》富子《とみこ》が推した義材が十代将軍となった。義材は義政の弟義視《よしみ》の子で、富子の妹良子が産んでいたのである。

清晃が将軍となる目はなくなったかと思われたが、まもなく義視・義材親子は富子と対立するに至った。ふたたび政知・清晃に機会がめぐってきたわけで、そのうえ延徳三年（一四九一）正月には義視が死去し、義材廃位は時間の問題かと思われた。

ところが同じ頃、政知もまた病に倒れた。同年正月病床に伏した政知は、回復することなく四月に死去した。一度出家しながら享徳の乱という思わぬ機会を得て還俗《げんぞく》し、関東の支配者になろうとした

2　宗瑞と伊豆・関東

44―足利政知墓（静岡県三島市宝鏡院、則竹雄一撮影）

ものの都鄙和睦によって果たせず、遠大な構想によって再浮上を試みてあと一歩のところまで来たが、ついに力つきた。

冷泉為富《れいぜいためとみ》が三条西実隆《さんじょうにしさねたか》に語ったところによれば、臨終の際は「以ての外の事ども（たいへんなありさま）」で、遺体は寝殿西方の庭に土葬されたという。実隆はさらに詳しい様子を為富から聞いたようだが、「記すに能《あた》わず（書くことができない）」としており（『実隆公記《さねたかこうき》』）、「以ての外の事ども」といい、尋常でない状況だったことがうかがわれる。政知の無念さの表れというと穿ち過ぎだろうか。

だが、これによって事態が完全に収まったわけではなかった。政知の死は彼の思わざる波乱を呼び、それはさらに大きな動乱につながっていったのである。

堀越公方府の内紛

堀越公方足利政知の死は、まず堀越公方府内部に大事件をもたらした。政知によって排除されようとしていた茶々丸が、延徳三年（一四九一）七月一日、異母弟潤童子と継母の円満院《えんまんいん》を殺害し、二代目の堀越公方に収まったのである。

当面邪魔な二人を殺害したとしても、公方府内部の大勢が反茶々丸で一致していれば公方になれるわけはない。したがって、公方府内部は以前より茶々丸派・潤童子派に大きく分かれていたか、あるいは茶々丸派のほうが多かったとも考えられる。有力者の犬懸上杉政憲が茶々丸を支持していたことも、これを裏づけよう。公方政知が潤童子を推していたため茶々丸派は逼塞《ひっそく》していたが、その死去により情勢が一転したのであろう。

つまり、潤童子・円満院の殺害によって茶々丸が一気に浮上したのではなく、茶々丸派の決起によって潤童子・円満院が殺害されたと考えられるのである。

さらに、この後伊豆では「国中更に不静」（『北条記』）といった騒然たる状況になったといわれ、そのこと自体は前公方が指名した後継者とその母の殺害という大事件からすればむしろ当然だが、茶々丸が危機に陥った形跡はない。とすれば、茶々丸は手段の強硬さに反して、堀越公方府や伊豆国内における大方の支持は意外に早く取りつけたと考えられる。茶々丸の勢力はかなり強固なものだったわけで、こうしてみると、のちに盛時（宗瑞）が茶々丸討滅のためたいへん手間取ることも腑に落ちるのである。

この事件が、潤童子の実兄・円満院の実子である清晃やその後押しをする細川政元らに与えた衝撃はいわずもがなだが、伊豆の隣国駿河の今川氏親《いまがわうじちか》や伊勢盛時は、政知と親しく交流していたと推定されており、やはり大きな衝撃を受けたと思われる。堀越公方府では上杉政憲が、今川義忠死後の後継者問題に介入した際小鹿範満を支持していたのであり、その政憲と疎遠になった政知と、範満の敵である氏親・盛時が親しくなることは十分蓋然性がある。盛時は政知の奉公衆になっていたという説もある。

だが、強硬手段で堀越公方になったとはいえ、茶々丸も政知の実子であるには違いなく、その意味では正当性を十分に主張できる立場にあったし、そもそも前述したようにその勢力は強固なものだった。氏親・盛時は政知と親しかったとしても、それだけではただちに何らかの行動を起こすわけにもいかなかったし、その隙も見出しがたかっただろう。このようなわけで、しばらくは事態の推移が見守られることになったのである。

伊豆打ち入り　茶々丸が堀越公方を継いだ二年後の明応二年（一四九三）、おそらくは興国寺（城）を拠点として、盛時は伊豆の堀越御所を襲撃した。これが明応二年のいつなのかは確定されていないが、同年畿内で起きた事件と、関東での戦争との関連から、おおむね五〜八月頃と推定される。また、このタイミングで盛時は出家し、宗瑞と名乗ったとの説も提出されている。どういうことか、以下みていこう。

十代将軍足利義材の立場が危うくなっていたことは前述したところだが、明応二年四月、ついに管《かん》領《れい》細川政元はクーデターを決行し、義材を幽閉して政知の子、香厳院主清晃を擁立した。清晃は還俗して義遐《よしとお》（のち義高《よしたか》、義澄《よしずみ》、以下義澄で統一）と名乗り、十一代将軍となった（正式の就任は一年後）。いわゆる明応の政変だが、この全貌については、本シリーズの第2巻で詳述されるので割愛することとし、伊豆打ち入りとの関連のみ述べていくこととする。

かつて、「北条早雲」が「下剋上」の代表のようにいわれていた時は、まさに伊豆打ち入りで前代の権威である堀越公方を滅ぼしたところが引き合いに出されていた。堀越公方府の内紛につけ込んで「国盗り」を行い、大名となるための、きわめて利己的な実力行使というわけである。

これは、「北条早雲」の虚像が徐々に取り払われ、伊勢盛時・宗瑞としての姿が明らかになってきてからも、しばらくは同様だったが、やがて大きく異なる説が提出された。すなわち、将軍義澄、細川政元、今川氏親、伊勢盛時、扇谷上杉定正《おうぎがやつうえすぎさだまさ》らの提携を前提に、義澄が同母弟潤童子、実母円満院の仇討ちを盛時に命じた、という。盛時から出家して宗瑞になるのもこの時期に当たり、潤童子・円満院の菩提を弔って仇討ちに出ることと一体の行動と解釈されるのである（盛時の出家自体がこの時期に当たるのはたしかなので、以下、宗瑞の表記で統一する）。

こういわれると、宗瑞の伊豆打ち入りは戦国大名になるための自立を目指したものどころか、彼自身があくまで将軍の命令に従って動く存在に過ぎないと示していることになる。幕府＝将軍の求心性をあらためて示すことになるわけだが、反論もある。

たとえば、①宗瑞にひそかに命令が伝えられたとしたら、彼は刺客の役割ということになるが、義澄個人との結び付きが浅く弱いのにそのような立場に身を置くことがあるか、②また幕府中枢部の意向だとしたら駿河守護でなく秘密裏に宗瑞個人に伝えられるか、③茶々丸殺害後の堀越公方府をどうするつもりだったのか、④宗瑞の処遇はどうするのか、⑤戦闘が拡大し、収拾がきわめて困難になるという危険を想定しなかったのか、⑥伊豆守護の山内上杉顕定《やまのうちうえすぎあきさだ》が傍観していると思ったのか等々の理由から、幕府中枢部の無能・無責任ぶりを最大限に想定しなければ成り立たないとするものである（池上二〇一七）。

①②は何ともいえないところがあるが、③は、幕府としては「お荷物」の堀越公方府が消滅すればむしろありがたかったのではないか。義澄の意向が問題となるが、堀越公方を継ぐべき肉親はすでに亡く、あえて堀越公方府の存続を主張する理由もなかっただろう。

それでも、④〜⑥はやはり問題だが、仇討ち説においてもさらに背景が示されている。すなわち、将軍の地位を追われた義材は細川政元の被官上原元秀《うえはらもとひで》の屋敷に幽閉されていたが、六月二十九日に脱出し、越中《えっちゅう》に逃れて挙兵した。これに越後《えちご》守護上杉房定《うえすぎふささだ》が連絡して手を結んでいる。つまり、義材と房定が提携したことにより、房定実子の山内上杉顕定も義材方となったと考えられる。したがって、義材・房定・顕定と義澄・政元・氏親・宗瑞・定正の敵対関係が成立したわけで、⑥についてはむしろ義澄・幕府にとって織り込みずみのこととなり、⑤についても同様となるとも考えられるのである。

では、やはり伊豆打ち入りは宗瑞が義澄の命に従ったに過ぎないのか。④の問題も含め、これらは伊豆打ち入り後の政治状況と密接に関わるので、しばらくそちらを追い、のちにあらためて考えよう。

宗瑞、関東へ

かつては堀越御所を襲撃された茶々丸は自害し、宗瑞の伊豆奪取はきわめて迅速に行われたように考えられたこともあったが、現在では茶々丸の自害は五年後の明応七年（一四九八）であることが明らかになっている。茶々丸は堀越御所から脱出し、支持勢力を糾合してしぶとく戦い続けたわけである。

宗瑞はこの年九月、相模《さがみ》・武蔵《むさし》に出兵し、山内上杉顕定と戦って、同月末に帰陣したという（『鎌倉《かまくら》大日記《おおにっき》』）。これは扇谷上杉定正と謀ってのことだというが、どうか。たしかに、前述したように、この時点で休戦状態とはいえ、長享二年（一四八八）以来顕定と定正は敵対していたのであり、その可能性は高い。

では、宗瑞と定正との提携、すなわち宗瑞と顕定との敵対はいつからか。そもそも伊豆は山内上杉氏が守護だった。そこに堀越公方府が成立し、都鄙和睦によって正式に堀越公方のものとなった。だが、山内上杉氏は伊豆国内に直轄領も多く、被官となっている在地領主も多くおり、依然として深い権限・関係を有していたとみられる。

このようななか宗瑞が攻め込んだわけで、必然的に顕定とも敵対関係に入ることとなった。宗瑞にしてみれば、定正との提携は、顕定との敵対から必要となるのであり、その逆ではない。したがって九月の相模・武蔵出兵も、伊豆打ち入りで、顕定との敵対・定正との提携が明確になってから、定正の要請によって行われたとみるのが自然である。このようなわけで、宗瑞の伊豆打ち入りは四月の明応政変後、九月の相模・武蔵出兵前と考えられるのである。

翌明応三年八月、宗瑞は遠江三郡に出陣し、高藤城《たかふじじょう》（静岡県掛川市）を陥落させている。「三郡」とは佐野・山名・周智郡《しゅうち》かといわれている。遠江では今川氏と斯波氏《しばし》とが支配権をめぐって抗争を続けており、宗瑞も甥の今川氏親の要請により出陣し、斯波氏勢力と戦ったものと考えられる。

さらに休む間もなく宗瑞は、九月、武蔵に出陣した。これに先立つ七月に山内・扇谷両上杉氏は抗争を再開したとされ（『石川忠総留書《いしかわただふさとめがき》』）、定正の要請による出陣とみられる。なお、七月の両上杉抗争の再開という認識が正しいとすれば、前年九月の宗瑞の相模・武蔵出兵時には、定正は表立って動いてはいなかったものであろう。むしろ、宗瑞との提携により、抗争再開の目途がついたといってもよいと思われる。

戦いは武蔵関戸《せきど》要害（東京都多摩市）や相模玉縄《たまなわ》要害（神奈川県鎌倉市）などをめぐって繰り広げられたが、九月、宗瑞の加入によって定正方が優勢となった。北進した宗瑞は九月二十八日、武蔵久目川《くめがわ》（久米川、東京都東村山市）で初めて定正と会見した。

勢いに乗る定正・宗瑞の軍勢は十月二日、高見原《たかみはら》（埼玉県小川町）に進み、宗瑞はさらに塚田（同寄居町）に張陣し、藤田（同前）に張陣する顕定方と荒川を挟んで対峙した。

いよいよ決戦の時は近づいたと思われたが、十月五日、何と定正が荒川を渡ろうとして落馬し、頓死してしまった。大将を失った扇谷軍は総崩れとなり、敗北した。定正の跡を継いだ養子朝良《ともよし》（定正の弟朝昌《ともまさ》の実子）の要請によるものか、宗瑞はしばらく武蔵各地を転戦し、年末には帰還したようである。

45—久米川古戦場跡

戦乱の拡大

この頃の宗瑞にとって武蔵など関東への出兵は、提携する扇谷上杉氏の要請によるもので、必ずしも本意ではなかった。最優先課題は伊豆における茶々丸方を打倒することだったのである。

明応四年（一四九五）、茶々丸は伊豆七島のいずれかの島へ落ち延びた。宗瑞の攻勢に耐えきれなくなったものとみられる。おそらく、茶々丸の没落と同時期に、宗瑞は伊豆北部に本拠を移したと考えられ、八月には伊豆から甲斐《かい》へ打ち入っている。これは、今川氏親と図り、山内上杉方である武田信縄《たけだのぶつな》を攻撃したものであろう。

この頃には、宗瑞は伊豆北部をほぼ押さえたと考えられるが、中南部にはなお茶々丸与党が盤踞《ばんきょ》し、予断を許さない情勢が続いていた。とくに狩野川《かのがわ》中流域に勢力を張る狩野氏《かのうし》は強力で、宗瑞の南下の妨げとなっていたのである。

翌明応五年七月、山内上杉顕定は相模で大規模な軍事行動を起こした。まず、相模西郡に顕定配下の長尾《ながお》右衛門尉《えもんのじょう》が陣城を構えたところ、扇谷上杉朝良方の長尾景春らが対陣して攻勢に出た。景春がまだしぶとく活動していることに驚かされるが、それはともかく、攻撃を受けた右衛門尉は逆に城中から打って出て伊勢弥次郎《いせやじろう》らの軍勢を破り大勝した。その結果、「大森式部少輔《しきぶのしょう》・刑部大輔《ぎょうぶのたいふ》・三浦《みうら》道寸《どうすん》・太田六郎右衛門尉・上田名字中幷伊勢新九郎弟弥次郎要害」が陥落して「西郡一変」に至った。

つまり、顕定方は長尾右衛門尉の陣城が攻撃されたことを逆に好機として、逆襲して勝利を得ると一気に攻勢に転じて西郡の朝良方の城郭（小田原城とする説と複数の城郭とする説がある）を陥れて相模西郡が「一変」したというほどの優位に立ったというのである。この情報の出所は顕定方であるため、多少割り引いて評価したほうがよいように思われるが、顕定方の勝利は間違いないだろう。

なお、この時点で小田原城が宗瑞に属していないことが明らかであるとして、かつて明応四年が有力視されていた宗瑞の小田原城奪取説が否定されて明応五年七月から文亀《ぶんき》元年（一五〇一）三月などの説が出され、明応四年見直し説もあり、最近では明応九年六月から文亀元年三月との説が示されている（黒田二〇一九）。

ともあれ、この相模での大規模戦闘には、宗瑞自身は出陣せず、弟の弥次郎が派遣されていた。伊豆平定の戦いに忙殺されていたのだろう。

同じ明応五年、茶々丸は武蔵を経て甲斐の吉田正覚庵《しょうがくあん》（山梨県富士吉田市）に移り、さらに富士山に入っている。茶々丸が落ち延びていた伊豆七島は山内上杉氏の直轄地、甲斐守護武田信縄は山内上杉氏と提携しており、これらの庇護のもと、富士山へは戦勝祈願のために入ったのだろう。茶々丸の戦意はまだまだ衰えていなかったわけで、その背景には伊豆中南部での茶々丸与党の健闘があったと考えられるのである。

明応大地震と伊豆平定

明応六年（一四九七）になっても宗瑞は茶々丸与党との戦闘に忙殺された。四月頃、宗瑞方の柏久保城《かしわくぼじょう》（静岡県伊豆市）が狩野氏に攻撃された際に、大見城《おおみ》（同前）から出撃した大見三人衆（佐藤藤左衛門尉・梅原六郎右衛門尉・佐藤七郎左衛門尉）が敵の背後を衝くなどの活躍をして撃退に成功している。宗瑞はこれに対して感状《かんじょう》を発給しているが、その中で「奥・中」が手に入ったならばさらに扶持《ふち》すると述べている。「奥・中」は伊豆の中南部ということなので、宗瑞の支配地域はこの時点でなお伊豆北部に限られていたことがわかる。

明応七年八月、茶々丸が切腹した。足かけ六年に及んだ伊豆での戦いは、ついに宗瑞の勝利に帰したわけである。有力与党の関戸《せきど》播磨守《はりまのかみ》吉信《よしのぶ》が討ち死にした後のことだったといわれる。関戸はまた、伊豆南部の深根城《ふかねじょう》（静岡県下田市）城主だったとされ、この深根城の陥落、関戸の討ち死にによって、茶々丸は万策つきて切腹に至ったと思われる。

なお、この八月にはほかにも大事件が起きていた。それは、人によるものではなく、大地震という自然災害だった。すなわち、明応七年八月二十五日、駿河・遠江南方海中を震源とする推定マグニチュード八・二〜八・四の巨大地震が発生し、激烈な揺れに続いて、大津波が房総半島から紀伊半島にわたる沿岸を襲ったのである。

津波による被害は甚大で、数千人の犠牲者が出たという（『後法興院記《ごほうこういんき》』）。伊豆西海岸でも、西浦江梨《にしうらえなし》（静岡県沼津市）の在地領主鈴木氏の娘が津波の引き波にさらわれ、榎二本の間に挟まれて命は助かったものの衝撃で両眼が飛び出たとの記録があり、薬師如来に七日間祈ったところ回復したという（『航浦院縁起《こうほいんえんぎ》』）。ここでは海岸到達時の津波の高さは九メートル超と推定されている。

近年、この大地震と宗瑞の伊豆平定との関連が注目されている。すなわち、『北条五代記《ほうじょうごだいき》』には、南伊豆の平定を目指して西伊豆に宗瑞が上陸したところ、どの家にも病者が伏しており、宗瑞はこれらを救済することによって支持を集めたとする記事がある。これだけならば、いかにも軍記にありそうな善政撫民譚としてすまされそうだが、『北条五代記』では続いて宗瑞が深根城を攻略して伊豆平定を成し遂げている。だとすると西伊豆に宗瑞が上陸して多くの病者を見たのは、明応大地震と同時期ということになる。つまり、宗瑞が見たのは明応大地震、とりわけその大津波がもたらした惨状だったのでは、ということである。

この大地震は宗瑞与党の伊豆西海岸の領主たちに甚大な被害を与えたわけで、このままだと茶々丸方の反攻を許してしまうと考えた宗瑞は、急ぎ決定的な攻撃を組織して深根城を落としたとする説がある（家永二〇〇〇）。宗瑞方も大きな打撃を受けているなかで、短時間にそのようなことが可能だったかは疑問も残るが、打撃を受け混乱しているのは敵も同じであり、いち早く状況を見きわめて動いたとすれば、卓抜した冷静さと行動力である。なお、茶々丸の切腹を大地震直前とする説も出されている（黒田二〇一九）。

ともあれ、こうして宗瑞は伊豆をほぼ平定したが、茶々丸残党を抑えるために、さらに数年をかけて伊豆国内の安定化を進めていったとみられる。

伊豆打ち入りの意義

ここまで宗瑞の伊豆打ち入りから平定までをみてきたが、あらためて宗瑞はいかなる契機で、また何のために伊豆へ打ち入ったかを考えてみよう。まず、打ち入りの前提として、宗瑞や今川氏親が、義澄・細川政元らと提携関係にあったことはほぼ間違いないところで、宗瑞・氏親が堀越公方政知と親しかったことも首肯できる。

では、義澄は母と弟の仇討ちを宗瑞に命じたのか。仮に命じたとしてみよう。なるほど、宗瑞はずいぶんと時間を費やすことにはなったが、茶々丸を滅亡に追いやることに成功した。だが、その後も伊豆の安定化に邁進しており、みずからの支配下に組み込もうとしている。「仇討ち」の範囲を明らかに越えた行為ではないのか。

これに対しては、仇討ちの報賞として伊豆の給与が当初から約束されていたのではないか、といった反論もありそうである。仇討ちへの疑問の④に関わる問題である。しかし、堀越公方府だけならばともかく（堀越公方府の消滅は幕府にとっても好都合だったことは前述した）、山内上杉顕定も少なからぬ利害関係をもっていた伊豆を、幕府と密接な関係があったとはいえ、宗瑞程度の規模の武士に与えることがあるだろうか。

これにも、顕定は義澄にとって敵派閥だから、という前述の理由が反論としてあげられるかもしれないが、報賞として大きすぎる感がある。

逆に宗瑞からみると実際に多くの在地勢力の抵抗に遭いながら、それを乗り越えて足かけ六年を費やした伊豆平定戦だったのである。伊豆給与が約束されていたのではないとすれば、犠牲が大きすぎるだろう。

以上から、義澄ないし幕閣から仇討ちの命令が出た可能性はあるが、それはあくまで茶々丸討滅およびせいぜい顕定の守護国である伊豆の攪乱にとどまったのではないかと考える。宗瑞は、茶々丸をただちに討滅できなかったことをむしろ好機として、伊豆の平定戦に乗りだしたのではないか。

また、命令は出ておらず、宗瑞が提携する義澄の心情を考えて打ち入ったこともありえるかもしれない。ただしそうだとしても、義澄への同情心とか忠誠心のようなものではない。仇討ちを名目とした打ち入りをすれば幕府から咎められることはないだろうというしたたかな計算にほかならない（池上二〇一七）。これもまた伊豆を平定しているところから明らかである。

つまり、命令の有無にかかわらず、宗瑞はみずからの意思で、義澄・幕府からみても逸脱した行動に出たものと考える。伊豆打ち入りは、たしかに契機としてその背後に大がかりな提携・敵対の派閥関係があったが、その結果現出した宗瑞による伊豆の平定・領国化は、そうした関係からはみ出したものであり、これをこそ重視すべきであろう。幕府・将軍と今川氏とに両属的だった関係も、事実上この過程で幕府・将軍に対する従属については解消したとみられるのである。

3 世紀末の状況

長享の乱の展開

視点を宗瑞から世紀末の東日本に移そう。まず、長享の乱の展開である。時期は、扇谷上杉定正と山内上杉顕定とが戦闘を再開した明応三年（一四九四）にさかのぼる。前述したように、同年十月、顕定の本拠鉢形城《はちがたじょう》を目指して進撃していた定正が荒川で落馬して死去し、顕定方は一転して優勢となった。

この時、古河の足利成氏・政氏《まさうじ》父子は長享の乱勃発時とは異なって顕定と手を結んでおり、政氏が顕定とともに高倉山（埼玉県入間市）まで出陣している。享徳の乱の際には、古河公方は一方の頂点であり、関東諸士は公方に所属したり、離反したりした。公方はいわば「主役」だったわけだが、長享の乱では「主役」はあくまで山内・扇谷両上杉であり、公方は定正と結んだり、顕定と結んだりしているが、乱を牽引する立場にはない。

もちろん、関東において最高の身分であるのは間違いなく、公方と結ぶことによってある程度の勢力を吸引することはできただろうが、それが決定的優位につながったわけではない。都鄙和睦の意義に関連してあらかじめ述べておいたように、古河公方の政治的地位は明らかに凋落したのである。

明応五年七月における顕定の相模への大規模軍事行動も前述したが、相模西郡で優位を築いた顕定方は、続いて長尾右衛門尉が扇谷上杉氏重臣上田右衛門尉の守備する実田《さなだ》要害（神奈川県平塚市）を包囲した。これに対し、定正の跡を継いだ朝良は河越城《かわごえじょう》から出陣し、朝良方の長尾景春もまたもや動きをみせた。そこで顕定は鉢形城から相模へ向かうこととし、「当地」には「公方様」が来るため、警固として庁《こ》鼻和《ばなわ》三郎《さぶろう》・同蔵人大夫《くろうどだいぶ》・上州一揆《じょうしゅういっき》などを残しておくこととした（「上杉文書」）。「当地」は鉢形城、「公方様」は足利政氏と思われるが、それぞれ上戸陣《うわどのじん》（埼玉県川越市）、成氏とする説もある（山田二〇一五）。

明応六年、顕定は河越城をにらみ、上戸に張陣した。顕定の要請により、政氏も簗田《やなだ》・一色《いっしき》・佐々木・梶原・野田・印東《いんとう》・佐野・佐貫《さぬき》・桐生《きりゅう》・小俣《おまたし》氏ら三千騎を供奉《ぐぶ》させて動座してきた。在陣は数か月に及んだが、思わしい戦果はなく、政氏は体調を崩したところ、佐野・桐生らが養生したほうがよろしいとしきりに進言したので、古河に帰座した。長陣に嫌気がさしていた面々が、政氏の不調をこそとばかりに利用したのかもしれない。いずれにせよ、この対陣は全体として優劣がつかないままだったようである。

同年九月晦日、足利成氏が六十四歳で死去した。長享二年（一四八八）頃までは「公方様」と史料にみえ、延徳二年（一四九〇）までは活動が確認される。長享三年以後、どこかの時点で公方は嫡子政氏が継いだとみられる。波乱に満ちた生涯だったといえるが、幕府を敵に回し、しかも滅ぼされなかったのはなかなか見事だった。もちろん、応仁《おうにん》の乱で幕府が混乱し、影響力が衰えていったことも幸いしたわけだが、成氏自身の力量やカリスマ性も評価すべきだと思われる。

46―足利成氏墓・供養塔（栃木県野木町満福寺、野木町教育委員会提供）

乱の経過に戻ろう。おおむね武蔵・相模などでは顕定方が有利に戦いを進めていたようだが、『赤城《あかぎ》神社年代記録』の明応七年の記事には「源六生涯《げんろく》」とある。「源六」は顕定方で活動していた太田道灌の子息資康《すけやす》であり、これだけの記事なので詳細は不明だが、朝良方との戦闘で死亡に至った可能性がある。

47—今川氏親像（増善寺所蔵、静岡市提供）

同年八月には茶々丸が自害し、伊豆一国が朝良と提携する伊勢宗瑞の手に落ちた。これは伊豆守護であり、直轄領・被官を少なからず抱えていた顕定にとって痛手だったことは間違いない。宗瑞や今川氏親らの関東への圧力も大きくなることが予想され、長享の乱はいよいよ最終段階へ進んでいくのである。

今川氏親の動向

伊勢宗瑞との関係からも見逃せないのが、駿河の今川氏親である。

文明八年（一四七六）今川義忠が横死した後、一族小鹿範満が家督として立ち、長享元年（一四八七）、伊勢盛時（宗瑞）の支援によって範満は討たれ、義忠の嫡子竜王丸が名実ともに家督の地位に就いたのは前述したところである。

この竜王丸が元服し、氏親となるわけだが、おそらく母北川殿や叔父盛時を介して中央の武家や公家との関係を緊密に保ちながら権力を確立させていったものと思われる。また、東に目を転ずると、伊豆の堀越公方政知とも親しかったのではないかとされている。

明応元年（一四九二）九月、氏親は隣国甲斐に侵攻した。当時、甲斐では守護武田氏に家督相続争いが起きており（後述）、これに介入したものとみられる。穿った見方をすれば、他国の抗争に関わるほどの「余裕」ができてきたものともいえるが、提携する幕府管領細川政元との関係からの行動ともいわれる。ただし、いずれにせよ大規模な衝突には至らなかったようである。

明応二年四月、前節で述べたように細川政元はクーデターを決行し、将軍義材を廃して前堀越公方政知の子香厳院清晃（義澄）を擁立した。氏親・宗瑞は政元と提携しており、同年の宗瑞による伊豆打ち入りもこれと関わるとされることもすでにふれたとおりである。

翌三年、宗瑞の遠江出陣についても氏親の要請によると考えられると述べたが、これは遠江守護斯波氏に連なる国人《こくじん》原氏らが攻撃対象だったという。また、この遠江侵攻も義澄・政元派として、義材派の斯波《しば》義寛《よしひろ》が守護である遠江を攻撃したのだという指摘もある。

ただ、氏親の父義忠が遠江に侵攻したのも、応仁の乱の状況に乗じてのことだったわけで、遠江回復という今川氏の宿願こそが根底にあり、明応の政変により激化した義澄・政元派と義材派との抗争はその絶好の契機だったのである。

この後しばらく今川氏の遠江への軍事行動は知られない。伊豆のみならず、武蔵や甲斐で活動していた宗瑞に今川氏からもかなりの軍勢が付されていたと思われ、東方での軍事行動は活発だった。

同五年、今川氏の軍勢は遠江に侵攻し、七月に牛岡《うしおか》郷（静岡県掛川市）の長松院《ちょうしょういん》に禁制《きんぜい》を発給し、九月には同院に金屋《かなや》郷・山口郷・下西《しもさい》郷（以上同前）などの一部を寺領として寄進している。今川氏が遠江東部を支配下におきつつあることが示されているといえる。

さらに、明応六年も今川氏は遠江に侵攻しており、以降しだいに遠江全域を掌握していった。また、それとともに東三河《みかわ》の国人牧野《まきの》氏などにも影響を及ぼしていた。

明応年間（一四九二〜一五〇二）の今川氏は、東西に戦力を振り分けていたが、東は伊勢宗瑞の行動に任せ、氏親の眼は主として西の遠江、さらにはその先の三河に向けられていた。軍事行動の契機は大きな提携関係・派閥にあったが、すでにその域を脱し、今川氏権力は次の段階へ進もうとしていた。

のちに戦国大名の雄となる甲斐武田氏は、どのような状況だっただろうか。

延徳四年（一四九二）六月十一日、甲斐は「乱国」になり始めたというが（『勝山記《かつやまき》』）、少しさかのぼってそこに至る過程をみてみよう。

武田氏の内訌

寛正《かんしよう》五年（一四六四）〜六年に武田信昌が跡部《あとべ》氏を滅ぼしたことは前述したが、それによってただちに、甲斐における信昌の地位が安泰になったわけではない。応仁元年（一四六七）十一月、武田氏一族の武田伊予守《いよのかみ》が逸見《へみ》氏を討ち、翌二年二月には、その武田伊予守と岩崎信光《いわさきのぶみつ》が惣領《そうりよう》（信昌）に背いたために井尻《いじり》（山梨県甲州市・山梨市）で討たれている（『王代記』・『一蓮寺過去帳《いちれんじかこちよう》』）。逸見氏は何かと武田氏と敵対してきた勢力でそれを武田氏一族の伊予守が討つことに不思議はないが、それから三か月足らずでその伊予守が信昌に背いて討たれているのはいささか不可解である。いずれにせよ、一族に内訌があったことは間違いない。

文明三年（一四七一）甲斐国内で合戦があったが、翌四年は信濃《しなの》の大井氏らの軍勢が再三甲斐に侵攻している。また同年五月、逸見氏一門がことごとく切腹しており、これは信昌の攻撃によるものだろう。同八年五月、武田氏一族の栗原弾正《だんじょう》らが戦死しており、これも信昌との抗争だろう。

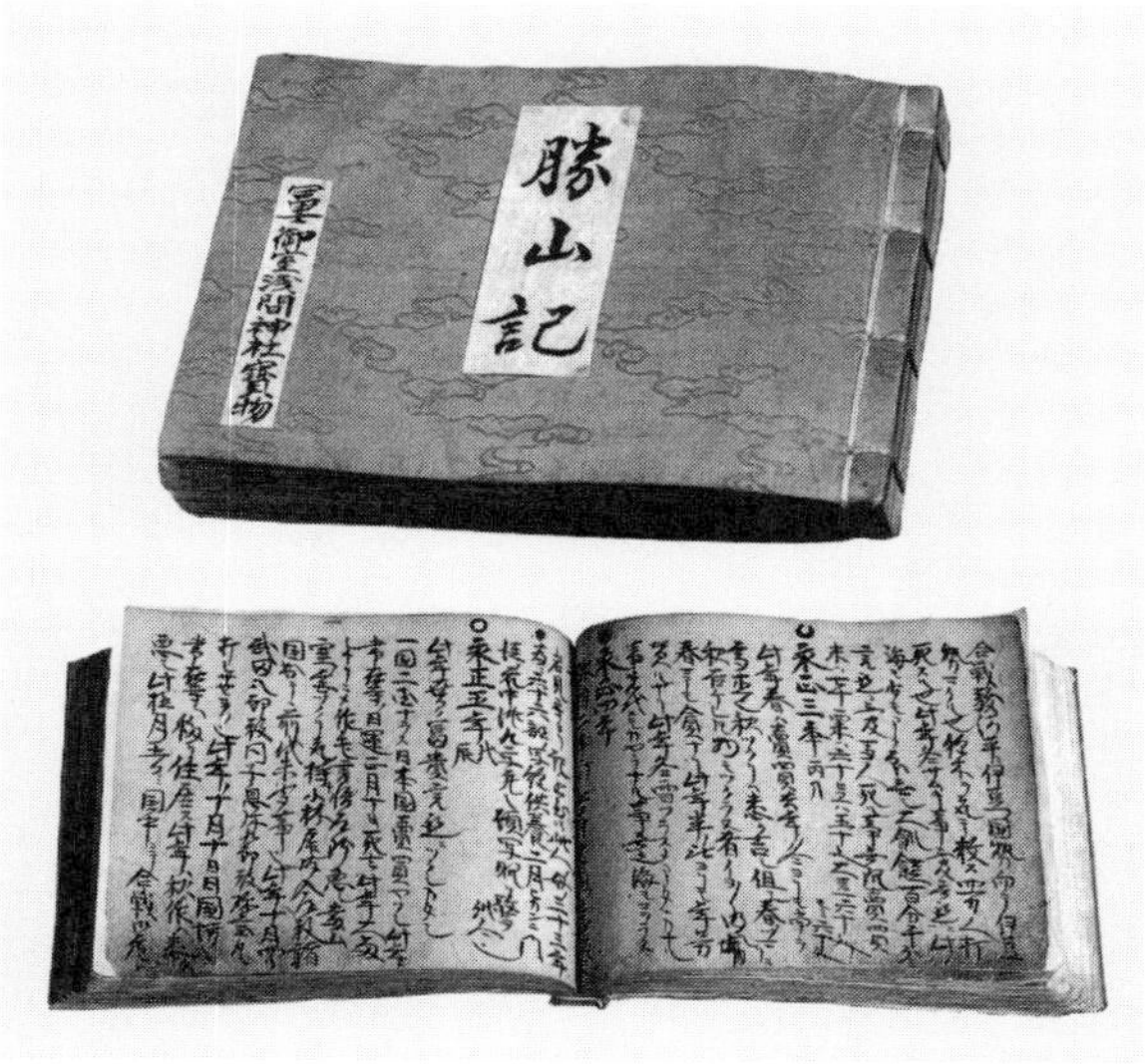

48—『勝山記』（冨士御室浅間神社所蔵、富士河口湖町教育委員会提供）

このように、信昌は内外の戦いを切り抜けながらしだいに甲斐を掌握していったのである。武田氏の発展において信昌が果たした役割は、たいへん大きかったといえよう。

ところが、ようやく安定してきたかにみえた武田氏権力で、信昌の後継をめぐって大きな争いが起きた。すなわち、信昌は家督を嫡子の信縄に譲ったのだが、その後両者は対立するようになり、信昌の支持を受けて次男の信恵《のぶよし》が家督に就こうとして抗争が始まったのである。

それこそが、延徳四年（七月十九日に改

元して明応元年）六月、甲斐の「乱国」をもたらしたわけで、「乱国」として表面化したのは、信昌・信恵方の栗原大輔と信縄との戦いからとみられる。栗原はこれに敗れて、河内《かわち》地域を拠点とする穴山《あなやま》信懸《のぶとお》を頼った。七月二十二日、市川（山梨県市川三郷町）で合戦があったが、これは信縄の軍勢を穴山方が迎撃したものとみられる。

九月には、前述したように駿河今川氏の軍勢が侵攻してきた。穴山方支援のためとみられ、穴山氏や今川氏は信昌・信恵方だったわけである。

翌明応二年（一四九三）も四月に塩後原《しおごはら》（山梨県甲州市）、十一月に小松（同笛吹市）、八代《やつしろ》（同前）などで合戦が行われ、次第に信縄の本拠川田（同甲府市）に戦場が近づいていることから、信縄方の敗戦が続いたと推定されている。

ところが、同三年三月二十六日、場所は不明ながら（勝沼《かつぬま》〈山梨県甲州市〉あたりかとの説あり）合戦が行われ、これは信縄方が信昌・信恵方に大勝したとみられる。この後、信縄の優勢のうちに状況は推移していたが、同七年、両者は和睦に至った。同年八月の大地震が契機となったとする説もある。

この和睦はしばらく維持されていき、武田氏の内訌はひとまず収まった。次の段階への扉は、次代の信直《のぶなお》（信虎《のぶとら》）が開くこととなる。

上杉房能と長尾氏

明応三年（一四九四）十月、越後守護上杉房定が死去した。享徳の乱の軍事面、またその終結において大活躍したこと、文化人との交流、彼らの庇護にたいへん熱心だったことは、しばしば言及したとおりである。

一方、そうした外向きの大きな存在感に比して、越後国内での権力基盤は意外に脆弱で、守護代《しゅごだい》にして越後上杉氏家宰《かさい》である長尾氏に大きく規制されざるをえなかったことも前述した。このため、房定は中央との結びつきの強化を図り、官位上昇はその成果の一つだったわけである。

房定の跡を継いだのは三男の房能《ふさよし》だった。長男の定昌《さだまさ》は長享二年（一四八八）に上野《こうずけ》国白井城《しろいじょう》で自殺し、次男顕定は山内上杉氏を継いでいたため、お鉢が回ってきたかたちである。ただし、定昌の自殺は越後上杉氏の家督相続問題が背景にあったことも推定されており、だとすればお鉢が回ったで済まされる話ではないことになる。

房能は、長享二年九月に元服しているところから、房定がかなり年をとってからの子とみられる。この時の守護代・家宰は長尾能景《ながおよしかげ》だが、「能」字が共通していることは注目される。実名の一字、あるいはそれを与えることを偏諱《へんき》というが、通常それは主君から家臣に与えるものである。ところが、房能の元服時、能景はすでに三十歳で、「能景」の実名も用いていた。

この点、奇妙な話としながらも能景から「能」字を房能が受けたのではないかとする説もある（新潟県一九八七）。それでも家臣から主君へというのはやはり不可解なのだが、家督相続問題があったとすれば、能景が強く房能を擁立したことは示唆するだろう。

つまり、越後守護となった房能は、当初から長尾氏の強い影響下に置かれていたということであり、この点、父房定よりもさらに厳しい領国経営・家中運営が予想されたわけである。

だが、房能は父と異なり、おとなしく長尾氏に妥協的・協調的な姿勢を示していなかった。明応六年には越後国内の郡ごとに段銭《たんせん》を賦課するための「注文《ちゅうもん》」（台帳）を作成し、翌七年には「御料所」（上杉氏直轄領）の管理者が「不入」の地と称して上杉氏の役人による権限行使を妨げることを禁止した。前者は当然領主たちの不興を買い、後者は「御料所」管理を行ってきた長尾氏の権益を損ねるものだった。

同九年、国人本庄氏《ほんじょうし》が反乱を起こした。これには黒川氏《くろかわし》も与同しており、房能は軍勢を組織して鎮圧を図ったが敗戦し、退却を余儀なくされた。

房能の急進的な政策は長尾氏や国人たちの反感を招き、不満が蓄積されていった。それに加えてこの軍事的失敗で守護の権威は凋落した。

それでも能景は自身が擁立した房能に従っていたが、内情はいつ大事が起きてもおかしくないものとなっていったのである。

動揺あるいは再編

明応年間（一四九二〜一五〇一）頃の関東では、山内・扇谷両上杉氏の抗争を横目に、領主たちのイエやその周辺では紛争が激化していた（市村二〇〇九）。常陸《ひたち》守護佐竹氏《さたけし》は、一族山入氏《やまいりし》との抗争を続けていたが、延徳二年閏七月、山入義藤《よしふじ》・氏義《うじよし》父子が佐竹義舜《よしきよ》を本拠太田城《おおたじょう》（茨城県常陸太田市）から追放した。義舜は一族の大山氏を頼って復帰の機会を待った。

同三年、山入義藤が死去して氏義が跡を継ぐと、南奥の岩城親隆《いわきちかたか》が江戸《えど》・小野崎《おのさき》氏らを交えて義舜・氏義の和睦を斡旋してきた。明応二年から三年にかけて交渉が進められ、同意に至って起請文《きしょうもん》の交換が行われた。

ところが、原因は不明だが、結局この和睦は実現を見ず、義舜は金砂山城《かなさやまじょう》（茨城県常陸太田市）に拠って、氏義と抗争を展開した。義舜が氏義を滅ぼして太田城に復帰するには、なお十年近くを要するのである。

常陸南部では、小田城《おだじょう》（茨城県つくば市）の小田氏でも当主の政治と一族の北条顕家《ほうじょうあきいえ》との間で紛争が起きており、また、江戸崎城《えどさき》（同稲敷市）の土岐氏《ときし》でも家督相続をめぐる対立・抗争が推定されている。

上野では名族新田岩松氏《にったいわまつし》の家中で大きな事件が起きた。文明九年（一四七七）正月金山城《かなやまじょう》に入った岩松家純《いえずみ》は、同年五月嫡子の明純《あきずみ》と不和を生じて義絶し、家中の実権はこの騒動を収めて明純の子尚純《ひさずみ》に家督を継承させた家宰の横瀬国繁《よこせくにしげ》、さらにはその跡を継いだ子の成繁《なりしげ》が掌握していった。

これに対し尚純は、明応四年四月、復権を目指して横瀬氏を攻撃したが成功せず、かえって隠居を余儀なくされた。この抗争は「屋裏之錯乱」といわれ、岩松家中における横瀬氏の覇権を確定的なものとする結果となった。

このほかにも関東では小山氏《おやまし》・結城氏《ゆうきし》などで内紛がみられ、少し後の永正年間（一五〇四～二一）には宇都宮氏《うつのみやし》でも「錯乱」が生じている。

先に佐竹氏の抗争に南奥の岩城親隆が介入したのをみたが、それを可能にしたのは、岩城氏の勢力増大だった。親隆は白河氏《しらかわし》と提携して岩城郡内で支配を強め、本拠を白土《しらど》（福島県いわき市）から大館城《おおだてじょう》（同前）に移し、常陸にも侵入するほどになった。

十五世紀後半、南奥でもっとも勢威があったのは白河氏で、幕府の信任を得て南奥での軍事指揮権を握り、栄華を極めた。しかし、幕府の影響力が衰えると十五世紀末にはそれに同調するかのように衰えがみえ、一族の小峰朝脩《こみねとものぶ》が台頭するに至った。

また、会津では蘆名盛高《あしなもりたか》が一族や周辺国人との抗争を続発させていた。

以上、十五世紀末の明応年間、関東や南奥では守護・国人のイエやその周辺で内紛・抗争が続き、その多くは十六世紀初頭に持ち越された。こうした動揺を乗り越え、イエの再編に成功した者は新たな発展を成し遂げ、動揺に押し流された者は没落していったわけである。東日本社会は、確実に次の段階へ踏み出しつつあった。

ふたたび戦国時代とは――エピローグ

十五世紀後半の東日本

十五世紀後半の東日本でもっとも大きな事件が享徳《きょうとく》の乱だったことは、明らかである。上杉方と古河公方《こがくぼう》方との抗争は、幕府が上杉方を支持したことにより、幕府と古河公方方との戦争となった。かねてから幕府が構築していた包囲網により、この戦争は包囲網の「外縁」を除く東日本全体を巻き込んだ戦争になるはずだった。

ところが実際には、まともに包囲網として機能したのは越後《えちご》・駿河《するが》に過ぎず、長禄《ちょうろく》四年（一四六〇）正月には、駿河守護今川範忠《いまがわのりただ》も鎌倉から撤退して、以降はほとんど乱に関わらなかった。越後守護上《うえ》杉房定《すぎふささだ》は、実子顕定《あきさだ》が関東管領《かんとうかんれい》となったこともあり、軍勢は派遣し続けたが、文明《ぶんめい》三年（一四七一）嫡子定昌《さだまさ》に派遣軍を任せ、自身は越後に退いた。乱を決着する切り札として派遣された足利政知《あしかがまさとも》もほとんど役割を果たせず、関東の状況を攪乱しただけだった。

結局、上杉方と古河公方方は文明十年和睦し、それから随分時間はかかったが、上杉房定の活躍で、文明十四年、幕府と古河公方方の和睦＝都鄙《とひ》和睦が成立した。しかし、享徳の乱の終結が、旧包囲網や外縁の諸地域に特段の影響を及ぼさなかったのは、すでに述べたところである。

これは、長享《ちょうきょう》の乱が勃発してからも同様だった。ただ、処遇に不満を募らせていた堀越公方《ほりごえくぼう》政知は、遠大な構想を抱いて細川政元《ほそかわまさもと》などと提携し、その結果、明応《めいおう》年間（一四九二〜一五〇一）には政知の子十一代将軍義澄《よしずみ》と、前将軍義材《よしき》をそれぞれ核とする巨大な派閥が列島上に現出したといわれる。これにより、一見自律的な動きが活発化したかに見える地域も、実は派閥の論理で動いていたのだとする評価が有力となった。

だが、伊勢宗瑞《いせそうずい》の伊豆《いず》打ち入りに関して述べたところだが、派閥が存在していたとしても、宗瑞の伊豆平定戦はそれを逸脱するものだった。派閥や提携・連携関係といっても、それはある程度の親しさとか、敵の敵は味方といった意味合いが強く、たとえば義澄や義材の強い指揮命令系統があり、運命共同体的に一体化していたというようなものではない。

地域の領主たちにとって、眼前の利益が最優先であり、それを侵害するのでなければ、あえて幕府に敵対する理由はない。幕府の意思に反するような行動をとる時も敵対意思を表明するはずもない。幕府がそれを処罰することができれば、体制・秩序を保っているということになるが、十五世紀末の東日本をみるかぎり、そうした気配はない。これは、享徳の乱を通じて、包囲網が機能不全を起こし、それに対して何ら有効な方策を講じえないことを証明してしまった幕府が、みずから招いた事態だった。

地域が自律・自立した動きをしているならば、それはやはり「戦国」とよぶべきではなかろうか。十五世紀の東日本は、鎌倉府《かまくらふ》の存在とそれに規定された包囲網・外縁の形成・瓦解へと展開し、その過程が領主たちのイエ再編と重なりあい、地域の自律・自立をもたらすところに特徴がある。さらにいえば東日本の領主たちは、幕府と鎌倉府との対立があったゆえに、それに吸引されるかたちで、近隣同士においても一族内部においても、親幕府・親鎌倉府の対立構図を創出しやすく、激しい抗争を展開することとなったといえる。その抗争が地域の自律・自立、すなわち戦国時代をもたらした。これが、本巻冒頭の問いに対するひとまずの回答である。

戦国大名・戦国領主

では、そこに戦国大名はいるのか。そもそも、研究者の一部からは、もう四十年近く前から「戦国大名」という概念は内容が曖昧でよろしくないのではないか、という意見が出されている。では代わるものは何かというと、室町幕府―守護体制の規定性を重視して、「戦国期守護」などが提示されている。

しかしながら、長らく定着してきた「戦国大名」を覆すほどの決定打に欠けることは否めず、いまだに「戦国大名」は通用し続けている。もちろん、そうした「慣れ」のようなネガティブな理由だけでなく、戦国時代に特有の領主権力として「戦国大名」に意味を見出す研究者も多い。私もその立場にある一人なので、「戦国大名」ということばは使用する。ただし、いかなるものが「戦国大名」なのかという厳密な概念規定は多くの紙数を費やさなければならないので留保し、ひとまず戦国時代に登場する自立的な大規模領主権力としておく。

こうしてしまうと、戦国時代に戦国大名がいるのはあたりまえで、いくら「ひとまず」といっても規定になっていないし、「そこに戦国大名はいるのか」などという問いも意味がないではないか、といわれそうである。

だが、十五世紀末までの東日本をみるかぎり、ほぼ戦国大名はいないと考えるのである。戦国時代なのに戦国大名はいないとは、どういうことか。

近年、戦国時代研究において戦国大名以上に注目されている領主権力がある。規模としては戦国大名に至らないのだが、自立した領域支配を行っている。かつてはこうした存在も戦国大名の家臣もしくは家臣化の途上にあるものとみなされていたが、近年では軍事的に従属はしているものの主従関係にはないとの見方が有力となり、しかも戦国大名権力を規定する重要な存在と評価されている。これらは室町時代の呼称を引き継いで「国人《こくじん》」といわれることもあったが、近年では「国衆《くにしゅう》」とされることが多い。

国衆研究は戦国大名権力との関係で進められることが多かったが、最近峰岸純夫氏は、戦国大名権力の成立に至る領主権力の発展を、国衆―戦国領主―戦国大名とする説を提示した（峰岸二〇一七）。少しややこしいのだが、峰岸氏は従来国人とされていたものを国衆と呼び（東国における史料用語に従ったものと思われる）、国衆とされていたものを戦国領主としている。

注目されるのは、国衆（国人）と戦国大名との間に、戦国領主という段階を設定したことである。この点、かつては国人から戦国大名へ、あるいは守護大名《しゅごだいみょう》や守護代《しゅごだい》から戦国大名への発展と考えられていたからである。

私もこの説に従い、十五世紀末の東日本は、戦国領主が成立してきている段階と考えるのである。なお、「国衆」は戦国時代に各地域でさまざま異なる内容で用いられていたことばなので、むしろ「戦国大名」のように、当時の用語ではなくても戦国時代に固有の存在感を示すことばに振りきった方がよいとの考えから、私は「戦国領主」を用いる。

戦国領主の勃興と下剋上

もともと「戦国領主」ということばは矢田俊文氏によって「戦国期守護」とセットで提出されており（矢田一九九八）、戦国大名概念否定説のなかで用いられているからいかがなものかとの見方もあるかもしれない。だが、「戦国大名」にしても盛んに用いられる契機となったのは、安良城盛昭氏によるネガティブな評価からでもあり（安良城一九八四、戦国大名を家父長的奴隷制に依拠し、封建的権力に到達していない存在とする）、現在、「戦国領主」は「戦国大名」同様に戦国時代独自の領主権力を表すことばとして用いられることも多い。用語の内容がどのように変遷したかをしっかり把握しておくことは重要だが、違う内容で用いられること自体にさしあたり問題はないだろう。

峰岸氏が事例としてあげたのは新田岩松《にったいわまつ》氏で、享徳の乱を契機として一円所領《いちえんしよりよう》化を推し進め、家臣団を再編成して強固な領主制を確立したと指摘している。さらに、こうした領主を「戦国領主」と呼んで、これらの登場をもって戦国時代の開始とみるのである。

だが、それを是認するとして、戦国領主と戦国大名の違いはどこにあるのか。これは研究者の間でも明確な統一見解があるわけではないが、たとえば、同質の権力であり、国持の身分であるか否かの差違に過ぎないとの見解もある。

この点、まったく大雑把だが、私は、ある程度の数の戦国領主を、少なくとも軍事的に従属させ、なおかつ他に従属していない存在が、戦国大名であるとみている。両者が同一の権力か否かは、遺憾ながらまだ突き詰められていない。ただ、戦国領主を従属させようとするところに、何かしら優越的な権力構造が見出せるのではないかと予測はしている。

「ある程度」「少なくとも」「何かしら」等々、曖昧で頼りない話だが、規模としては、戦国領主を従属させるということで、結果的に大規模で、国持以上の者が多くなろう。伊勢宗瑞は、今川氏から（少なくとも軍事的には）独立していないとみるので、戦国大名とは考えない。

このような理解で十五世紀半ば以降の東日本をみると、家臣団再編成に関して、家宰《かさい》の動向があらためて注意される。すなわち、この再編成は家宰が当主を凌駕するか、当主が家宰を圧殺するかの過程を伴うと考えるからである。

前者はいわゆる下剋上ということになるが、山内上杉氏家宰長尾景仲《やまのうちうえすぎしながおかげなか》や扇谷上杉氏家宰太田道真《おうぎがやつおおたどうしん》は家中の実権を握り、下剋上の様相を呈するものの、当主に成り代わるには至らなかった。道真の子道灌《どうかん》には大きな可能性があったが、当主定正《さだまさ》に滅ぼされた。

これによって、逆に扇谷上杉氏に戦国領主―戦国大名への途が開けたが、山内上杉氏との抗争に労力を割かなければならず、権力確立以前に伊勢（北条）氏の進出を許して滅亡することになる。

越後上杉氏は、室町時代、鎌倉府包囲網の中でもとりわけ重要な役割を担い、享徳の乱では房定が大活躍したが、在地に基盤を構築した家宰長尾氏の勢力が強く、邦景《くにかげ》・実景《さねかげ》父子の排除には成功したが、代わりに一族の頼景《よりかげ》が重きをなし、能景《よしかげ》を経て為景《ためかげ》によって房定の子房能《ふさよし》が滅ぼされることになる。

新田岩松氏も家宰横瀬《よこせ》氏《し》が実権を握って下剋上の様相を呈し、排除のために当主尚純《ひさずみ》が挙兵したものの失敗して隠退に追い込まれ、かえって横瀬氏の下剋上を確固たるものとした。横瀬氏はやがて由《ゆ》良《ら》と改姓して上野《こうずけ》南東部の戦国領主として活躍する。

長い開幕ベル

以上、著名な数例を挙げたが、有力な家宰が存在するイエでは、下剋上やその逆（「上剋下」という造語を用いる人もいるが、あまりピンとこないので私は用いない）が行われた。下剋上が成功すればイエ自体の再編で、その逆ならば家臣団の再編成を通じてのイエ再編ということになり、いずれにせよそれらはまた、戦国領主の成立へとつながった。

下剋上といえば、かつては戦国時代を特徴づける事象とされたものだが、近年では、もっと以前からみられる事象であり、戦国時代に特徴的とはいえないとの考え方が優勢である。以上にみた下剋上も、イエ・家臣団再編の過程で戦国領主の成立につながるところに、当該期としての意味があるといえる。

さらに、下剋上といっても、ただちに当主に成り代わる＝当主の地位を簒奪《さんだつ》する事例は少ないことに注意しなければならない。右にみた長尾為景も房能養子の定実《さだざね》を当主として立て、のちの時期・他の地域の事例だが、陶隆房《すえたかふさ》（晴賢《はるかた》）は大内義隆《おおうちよしたか》を滅ぼすが、大友氏《おおともし》から養子に入った義長《よしなが》を当主に立てている。横瀬（由良）氏の場合も岩松氏を形式的な当主として残した。

つまり下剋上の場合は、その逆の場合よりも戦国領主―戦国大名への発展に手間ひまがかかるということである。もちろん、それしきのことは物の数ではないとの見方もあろうが、前代からの身分・秩序意識の強固さは重要な問題である。

下剋上やその逆に加え、一族抗争なども絡まりつつ、十五世紀半ば以降は推移し、世紀末の動揺・再編という状況に至った。

こうした社会で、都市や村落に生きる人びとは、一方では「激しい」自治を行い、一方では有力な上位権力と結びついていった。中世は「自力救済《じりききゅうさい》」社会というが、その自力とは武力・暴力の所有・保持などの「実力」だけではなく、より有力な庇護者との癒着・結合を選択する「能力」でもあったのである。武蔵《むさし》における「太田方」はこのような力に支えられて勢力を扶植していった。太田の場合は挫折したが、これは戦国領主を生み出す下からの動きといえよう。

自律・自立というと、地域や地域の権力が孤立したかのような印象があるかもしれない。しかし、実態はむしろ逆である。もちろん、権力同士が政治的な対立から断交したり、その結果「路次不自由」となるようなことは多くありえたが、交通・流通の発達により、人びとの交流は盛んだった。逆説的な言い方になるが、さまざまな文物・知識・情報を得ることにより、政治的に自律・自立することが可能になったのである。

以上、戦国大名・戦国領主・下剋上、また背景にある社会状況などについて、見通しまでに述べた。最後につけ加えると、十五世紀後半の東日本に戦国時代がもたらされたとした点だが、これは享徳の乱からただちに戦国時代ということではない。区切りを明確につけられない時間幅をもって、地域的偏差も伴いつつ、徐々に進行していくと考える。比喩的な言い方になるが、享徳の乱で開幕のベルは鳴らされるが、そのベルは十五世紀後半を通じて鳴り続け、十六世紀初頭に至るということである。この間、待ちきれない演者の中には、上がりきらない幕の前に進み出てパフォーマンスを見せる者もいたりした。たいへん長い開幕ベルであったといえよう。

あとがき

本シリーズの企画編集委員を仰せつかってから、はや三年が経過した。企画・編集といっても、これはもう一人の委員池享さんがテキパキとリードしてくださり、私はついていくだけのようなものだったが、執筆者としても一冊書き下ろさなければならないということであった。

時期・地域で分かたれた全九巻の中で、どれを担当することになるのかドキドキしたが、ご覧のとおり、第1巻の担当となった。私の勉強は学部卒業論文から今に至るまで小田原北条氏、しかも十六世紀半ば以降の永禄・天正年間が中心であったから、東日本という地域はともかく、時期的にはずいぶんと遡ることになった。

経験皆無というわけではなく、『北条氏年表』（高志書院）の分担執筆を請け負った際、宗瑞・氏綱限定ではあるが、史料を集めて編年整理し、政治史中心に叙述した。だが、それから数年を経ているうちに十四〜十六世紀の東国に関する研究は急速に進展していた。関連書籍の刊行も数え切れないほどとなっていた。その背景には各自治体史の史・資料編とそれに基づく通史編や、さまざまな史料集の刊行があるであろう。

また、通史については、自治体史で分担執筆することがしばしばあったが、一冊書き下ろしは初めてのことであった。一冊というまとまりは、私にとって慣れない文化史なども必然的に視野に入れることとなり、構成に頭を悩ませた。

当初の目次案を今引っ張り出してみると、最終的に決定したもの以外に採りあげようとしていたテーマがいくつかあった。

それらをとりやめたのは、私の力では「総花」に陥りそうだったことが大きい。いろいろ盛りこむことで豊富な内容になればよいが、どれもそこそこ触れるに留まることを危惧したわけで、対象を絞ってメリハリのきいた叙述に努めるほうがよかろうと考えたのである。

紙数の多くを費した政治史に関しても、プロローグで述べたとおり、享徳の乱がひとつの中心軸となるのは、当初から予見できたところだが、問題は東国から東日本へと視野を広げたことにより、何か新味が出せるかということだった。これもプロローグで述べたとおり、近年、享徳の乱をクローズアップした好著が次々と出されていたからである。この点、人名・地名などのデータをこまかく列挙することよりも、大きな流れや人びとの関わり方を描くことに重点を置いた。とはいえ、以上のようなところがどれだけ実現でき、また効果があったのかは、読者の判断に委ねるしかない。

鎌倉府を包囲する政策自体はずいぶん前から指摘されていることだったが、あらためて鎌倉府—包囲網—外縁という構造を措定してみると、十五世紀の東日本における政治過程はこの構造が形成され、綻び、消滅するものであり、それは同時に幕府権力・権威の衰退＝地域の自律・自立を示すものだと気づかされた。

私は、本文中では享徳の乱が応仁の乱を引き起こしたという峰岸純夫氏の説にはなかなか従えないとしたが、こうなると戦国時代を切り開いたという点では享徳の乱に軍配を上げたくなる。教科書的表現の「応仁の乱で幕府の権威は衰退し、戦国時代が到来しました」といったことは、まずもって享徳の乱こそがもたらしているようにみえるからである。

もっとも、これは東日本をみた場合であり、中央・西日本ではおのずと異なる見方となることが予想される。それぞれをふまえたうえで、列島全体の「戦国時代」があらためて問われなければならないであろう。

本巻は、多くの先学の学恩によってようやく書き上げることができた。巻末の参考文献一覧に掲げきれなかった研究書・一般書も枚挙に暇がなく、各種史料集はほぼ割愛した。この点、各位のご寛恕を得たい。

二〇二〇年二月十五日

久保健一郎

参考文献

青森県史編さん通史部会『青森県史　通史編1原始古代中世』（二〇一八年）
安良城盛昭『日本封建社会成立史論　上』（岩波書店、一九八四年）
家永遵嗣「北条早雲研究の最前線」（小和田哲男監修『奔る雲のごとく』北条早雲フォーラム実行委員会、二〇〇〇年）
池享・矢田俊文編『増補改訂版　上杉氏年表』（高志書院、二〇〇七年）
池上裕子『北条早雲』（山川出版社、二〇一七年）
市木武雄『梅花無尽蔵注釈　一〜五・別巻』（続群書類従完成会、一九九三〜九八年）
市村高男「鎌倉公方と東国守護」（『歴史公論』八一、一九八二年）
市村高男『戦争の日本史10　東国の戦国合戦』（吉川弘文館、二〇〇九年）
井上宗雄・島津忠夫編『東常縁』（和泉書院、一九九四年）
植田真平『鎌倉府の支配と権力』（校倉書房、二〇一八年）
江田郁夫『室町幕府東国支配の研究』（高志書院、二〇〇八年）
榎森　進「十三〜十六世紀の東北アジアとアイヌ民族」（羽下徳彦編『北日本中世史の研究』吉川弘文館、一九九〇年）
遠藤　巌「安藤・秋田氏」（『地方別日本の名族一　東北編Ⅰ』新人物往来社、一九八九年）

大石泰史編『今川氏年表』（高志書院、二〇一七年）
奥田　勲『宗祇』（人物叢書、吉川弘文館、一九九八年）
奥田勲他校注『新編日本古典文学全集88　連歌論集・能楽論集・俳論集』（小学館、二〇〇一年）
小国浩寿『鎌倉府体制と東国』（吉川弘文館、二〇〇一年）
小国浩寿『動乱の東国史5　鎌倉府と室町幕府』（吉川弘文館、二〇一三年）
勝俣鎮夫『戦国時代論』（岩波書店、一九九六年）
金子金治郎『心敬の生活と作品』（桜楓社、一九八三年）
川　島　町『川島町史　通史編上』（二〇〇七年）
北区史編纂調査会『北区史　通史編中世』（一九九六年）
木藤才藏他校注『日本古典文学大系66　連歌論集　俳論集』（岩波書店、一九六一年）
久保健一郎『戦国大名と公儀』（校倉書房、二〇〇一年）
久保健一郎「『松陰私語』に見える「大途」について」（『早稲田大学大学院文学研究科紀要』六四、二〇一九年）
黒嶋　敏『中世の権力と列島』（高志書院、二〇一二年）
黒田基樹『戦国大名・伊勢宗瑞』（角川選書、二〇一九年）
黒田基樹編『シリーズ・中世関東武士の研究二　武田信長』（戎光祥出版、二〇一一年）
黒田基樹編『北条氏年表』（高志書院、二〇一三年）
黒田基樹編『関東足利氏の歴史5　足利成氏とその時代』（戎光祥出版、二〇一八年）
駒見敬祐「江の島合戦の経過と意義」（黒田基樹編『関東足利氏の歴史5　足利成氏とその時代』戎光祥

出版、二〇一八年）
近藤祐介『修験道本山派成立史の研究』（校倉書房、二〇一七年）
桜井英治『日本の歴史12　室町人の精神』（講談社、二〇〇一年）
櫻井　彦『動乱の東国史4　南北朝内乱と東国』（吉川弘文館、二〇一二年）
佐藤進一『日本の歴史9　南北朝の動乱』（中央公論社、一九六五年）
佐藤進一『日本中世史論集』（岩波書店、一九九〇年）
佐藤博信『古河公方足利氏の研究』（校倉書房、一九八九年ａ）
佐藤博信『中世東国の支配構造』（思文閣出版、一九八九年ｂ）
佐藤博信『続中世東国の支配構造』（思文閣出版、一九九六年）
塩谷順耳他『秋田県の歴史』（山川出版社、二〇〇一年）
静　岡　県『静岡県史　通史編2中世』（一九九七年）
島津忠夫『島津忠夫著作集四　心敬と宗祇』（和泉書院、二〇〇四年）
島津忠夫他校注『日本思想大系23　古代中世芸術論』（岩波書店、一九七三年）
清水　亮「鎌倉府と「関東之八家」（「関東八屋形」）」（黒田基樹編『関東足利氏の歴史3　足利満兼とその時代』戎光祥出版、二〇一五年）
白根靖大「建武の新政と陸奥将軍府」（同編『東北の中世史3　室町幕府と東北の国人』吉川弘文館、二〇一五年）
白根靖大編『東北の中世史3　室町幕府と東北の国人』（吉川弘文館、二〇一五年）
杉山一弥「応仁・文明期「都鄙和睦」の交渉と締結」（黒田基樹編『関東足利氏の歴史5　足利成氏とそ

の時代』戎光祥出版、二〇一八年)
関根達人『モノから見たアイヌ文化史』(吉川弘文館、二〇一六年)
高橋良雄『廻国雑記の研究』(武蔵野書院、一九八七年)
高橋良雄他『中世日記紀行文学全評釈集成七』(勉誠出版、二〇〇四年)
滝川恒昭編『シリーズ・中世関東武士の研究一三　房総里見氏』(戎光祥出版、二〇一四年)
武田氏研究会編『武田氏年表』(高志書院、二〇一〇年)
中川徳之助『万里集九』(人物叢書、吉川弘文館、一九九七年)
長　野　県『長野県史　通史編三中世二』(一九八七年)
新　潟　県『新潟県史　通史編2中世』(一九八七年)
則竹雄一「戦国時代の盛期はいつなのか」(池享編『室町戦国期の社会構造』吉川弘文館、二〇一〇年)
則竹雄一『動乱の東国史6　古河公方と伊勢宗瑞』(吉川弘文館、二〇一三年)
花岡康隆編『シリーズ・中世関東武士の研究一八　信濃小笠原氏』(戎光祥出版、二〇一六年)
福田秀一他校注『新日本古典文学大系51　中世日記紀行集』(岩波書店、一九九〇年)
細井計他『岩手県の歴史』(山川出版社、一九九九年)
北　海　道『新北海道史二　通説二』(一九七〇年)
丸井佳寿子他『福島県の歴史』(山川出版社、一九九七年)
峰岸純夫『享徳の乱』(講談社選書メチエ、二〇一七年)
峰岸純夫・川崎千鶴校注『史料纂集　松陰私語』(八木書店、二〇一一年)
百瀬今朝雄「応仁・文明の乱」(『岩波講座日本歴史7　中世3』岩波書店、一九七六年)

矢田俊文『日本中世戦国期権力構造の研究』（塙書房、一九九八年）
山田邦明『鎌倉府と関東』（校倉書房、一九九五年）
山田邦明『敗者の日本史8　享徳の乱と太田道灌』（吉川弘文館、二〇一五年）
山　梨　県『山梨県史　通史編2中世』（二〇〇七年）
山室恭子『中世のなかに生まれた近世』（吉川弘文館、一九九一年）
山家浩樹「室町時代の政治秩序」（『日本史講座四』東京大学出版会、二〇〇四年）
横山昭男他『山形県の歴史』（山川出版社、一九九八年）
渡辺信夫他『宮城県の歴史』（山川出版社、一九九九年）

系図

足利氏系図（山田二〇一五より）

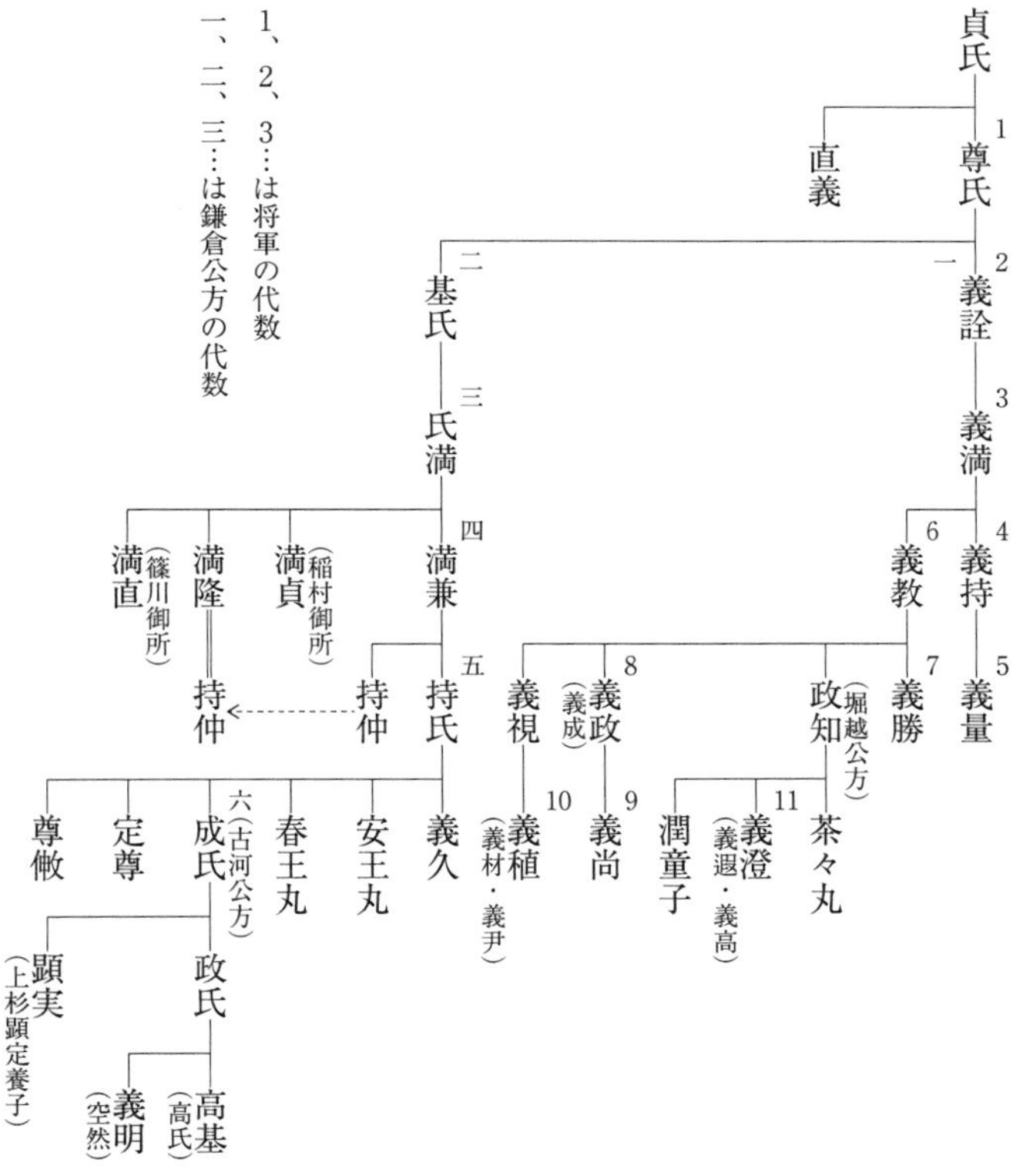

上杉氏系図（山田二〇一五より）

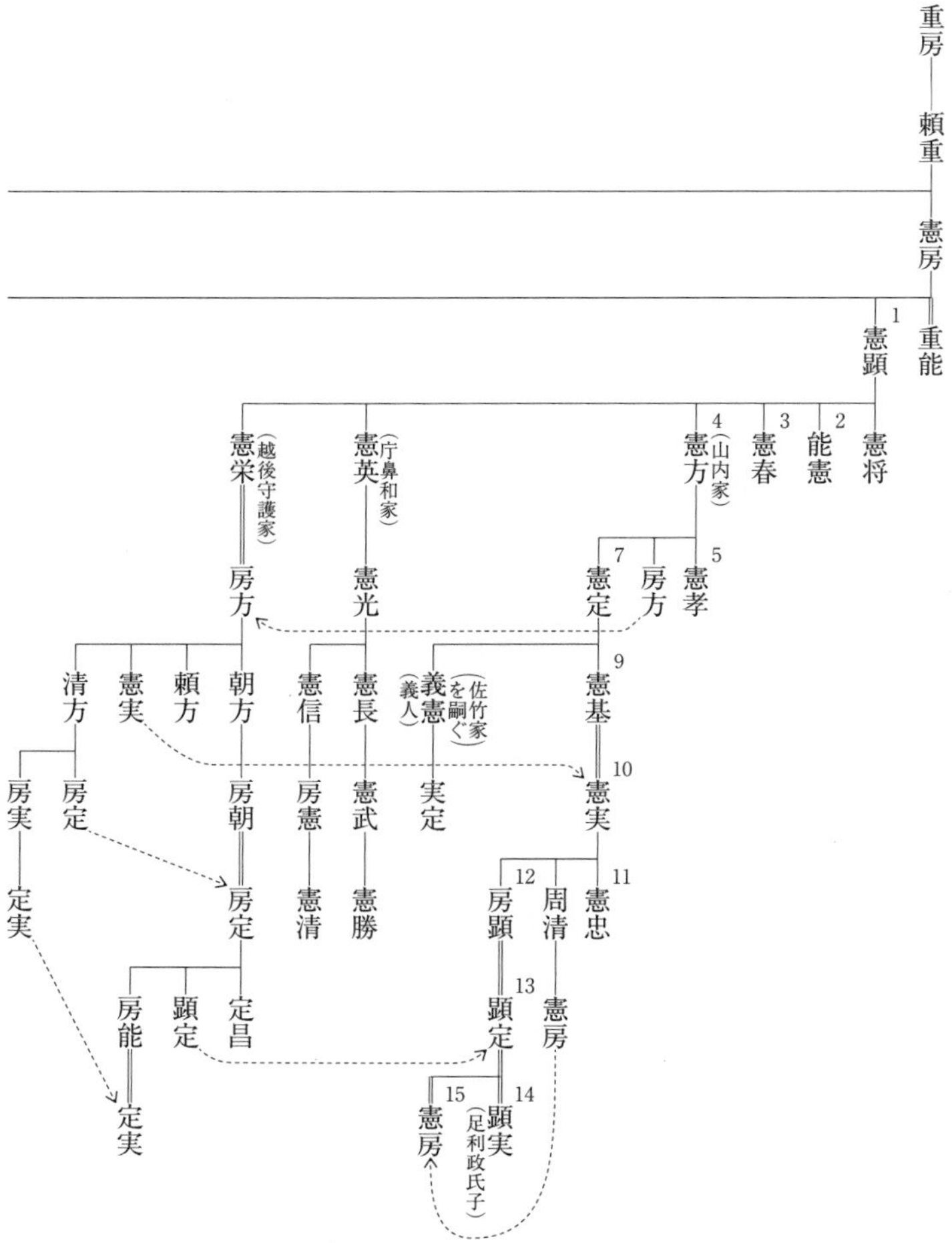

2019.3
本
郷
吉川弘文館
2019.5
本
郷
吉川弘文館
2019.7　NO.142
本
郷
吉川弘文館

（ご注意）

・この用紙は、機械で処理しますので、金額を記入する際は、枠内にはっきりと記入してください。また、本票を汚したり、折り曲げたりしないでください。

・この用紙は、ゆうちょ銀行又は郵便局の払込機能付きＡＴＭでもご利用いただけます。

・この払込書を、ゆうちょ銀行又は郵便局の渉外員にお預けになるときは、引換えに預り証を必ずお受け取りください。

・ご依頼人様からご提出いただきました払込書に記載されたおところ、おなまえ等は、加入者様に通知されます。

・この受領証は、払込みの証拠となるものですから大切に保管してください。

収入印紙
課税相当額以上
貼　　　付

印

この用紙で「本郷」年間購読のお申し込みができます。

◆この申込票に必要事項をご記入の上、記載金額を添えて郵便局でお払込み下さい。

◆「本郷」のご送金は、４年分までとさせて頂きます。

※お客様のご都合で解約される場合は、ご返金いたしかねます。ご了承下さい。

この用紙で書籍のご注文ができます。

◆この申込票の通信欄にご注文の書籍をご記入の上、書籍代金（本体価格＋消費税）に荷造送料を加えた金額をお払込み下さい。

◆荷造送料は、ご注文１回の配送につき500円です。

◆入金確認まで約７日かかります。ご諒承下さい。

振替払込料は弊社が負担いたしますから無料です。

※領収証は改めてお送りいたしませんので、予めご諒承下さい。

お問い合わせ　〒113-0033・東京都文京区本郷７―２―８
吉川弘文館　営業部
電話03-3813-9151　FAX03-3812-3544

この場所には、何も記載しないでください。

払込取扱票

02 東京

通常払込料金加入者負担

口座記号番号	0 0 1 0 0 = 5 = 244
加入者名	株式会社 吉川弘文館
金額	※ 千 百 十 万 千 百 十 円
料金	
備考	

ご依頼人・通信欄	
フリガナ	
※ お名前	
郵便番号	電話
※ ご住所	
※	

◆「本郷」購読を希望します

購読開始　　号 より

1年 1000円 (6冊)　3年 2800円 (18冊)
2年 2000円 (12冊)　4年 3600円 (24冊)
(ご希望の購読期間に○印をお付け下さい)

日附印

各票の※印欄は、ご依頼人において記載してください。

裏面の注意事項をお読みください。(ゆうちょ銀行)(承認番号東第53889号)

これより下部には何も記入しないでください。

切り取らないでお出しください。

記載事項を訂正した場合は、その箇所に訂正印を押してください。

振替払込請求書兼受領証

口座記号番号	0 0 1 0 0 = 5 　244 (通常払込料金加入者負担)
加入者名	株式会社 吉川弘文館
金額	※ 千 百 十 万 千 百 十 円
ご依頼人	おなまえ ※ 　様
料金	
備考	

日附印

この受領証は、大切に保管してください。

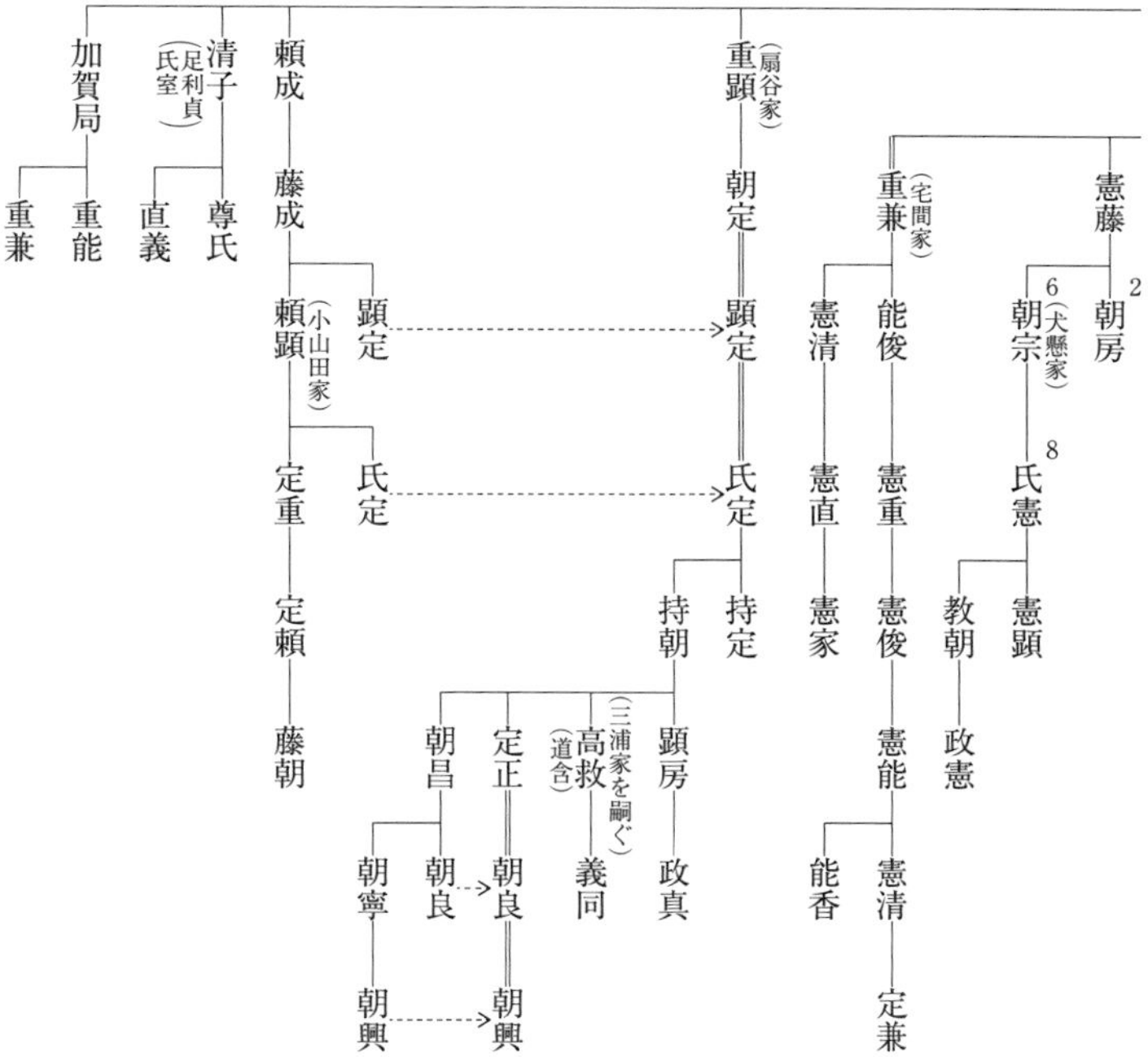
憲藤
2 朝房
6 朝宗（犬懸家）
8 氏憲
憲顕
教朝
政憲
重兼（宅間家）
能俊
憲重
憲俊
憲能
憲清
定兼
能香
憲清
憲直
憲家
重顕（扇谷家）
朝定
顕定
氏定
持定
持朝
顕房
政真
高救（三浦家を嗣ぐ）（道含）
義同
定正
朝良
朝興
朝昌
朝良
朝寧
朝興
頼成
藤成
顕定
頼顕（小山田家）
氏定
定重
定頼
藤朝
清子（足利貞氏室）
尊氏
直義
加賀局
重能
重兼

大崎氏等系図（『仙台市史　通史編2古代中世』〈二〇〇〇年〉より）

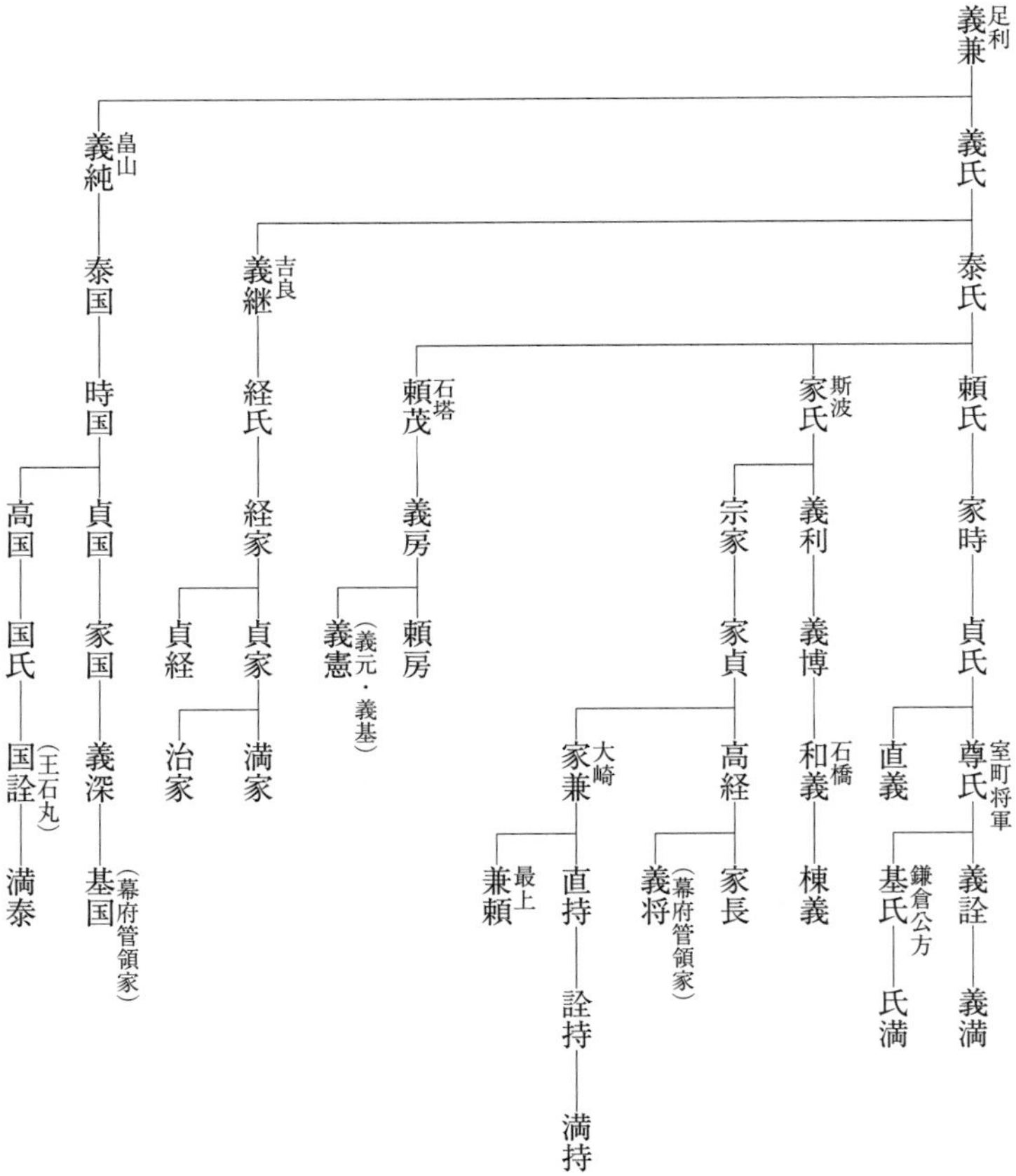

長尾氏系図（山田二〇一五より）

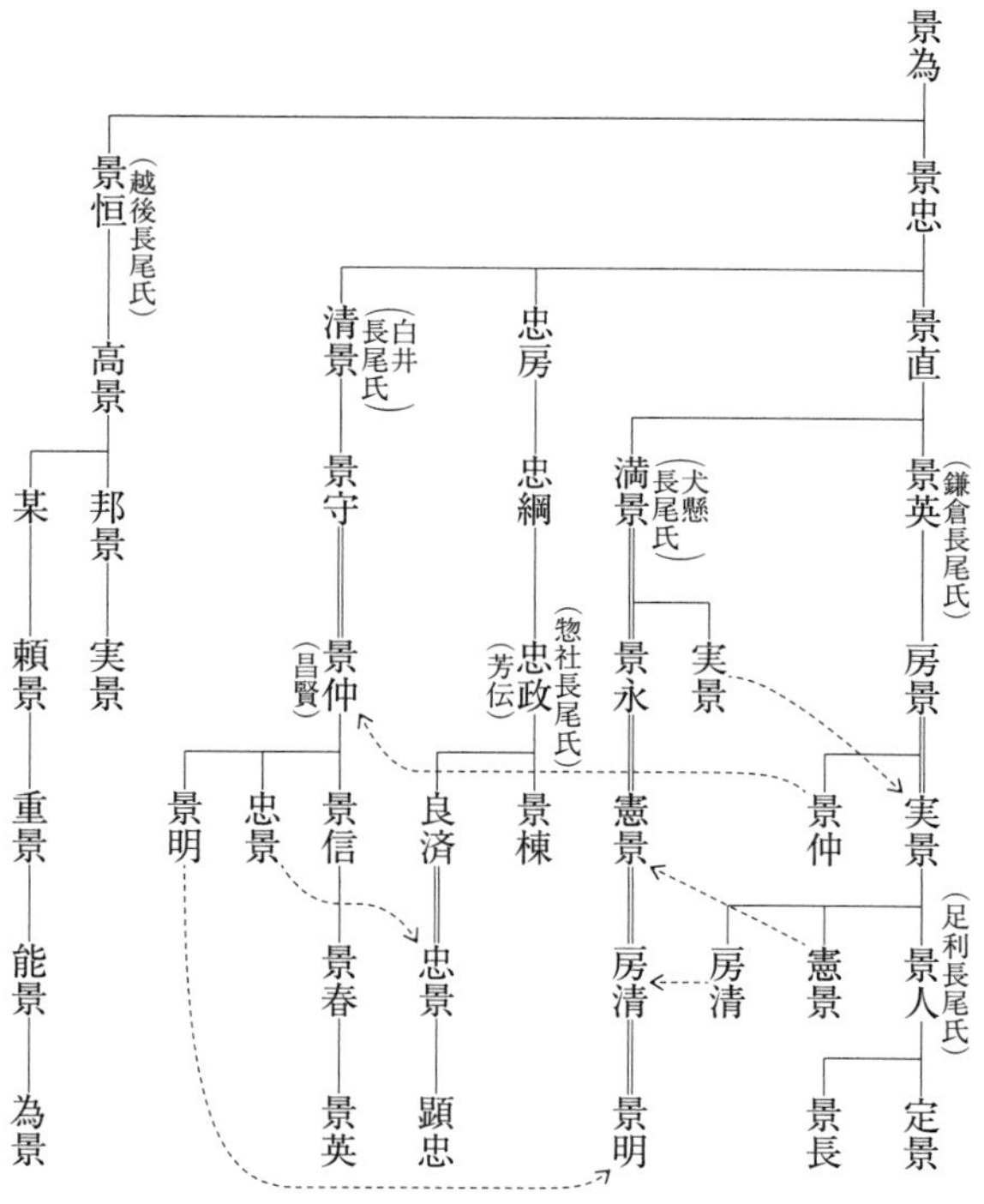

略年表

年号	西暦	事項
建武 元	一三三四	十月、後醍醐天皇、北畠親房・顕家父子に義良親王を奉じさせ、奥州に派遣（陸奥将軍府成立）。十二月、後醍醐天皇、足利直義に成良親王を奉じさせ、鎌倉に派遣（鎌倉将軍府成立）。
建武 二	一三三五	七月、北条時行、挙兵。鎌倉将軍府瓦解。八月、足利尊氏、鎌倉奪還、征夷大将軍を称し、後醍醐への反抗姿勢を鮮明化。
建武 三	一三三六	正月、尊氏、入京するが、北畠顕家らに敗れ、九州へ没落。六月、尊氏、再入京。十一月、建武式目制定。幕府を鎌倉に置くか京に置くかが問題となる。十二月、後醍醐、吉野に脱出、南北朝内乱が始まる。
建武 四	一三三七	十二月、北畠顕家、陸奥を発ち、京に向かう。
暦応 元	一三三八	五月、北畠顕家、和泉石津で戦死。九月、北畠親房、常陸に漂着、小田治久に迎えられる。
康永 二	一三四三	北畠親房、関東経略を断念し、吉野に帰還。
貞和 二	一三四六	この年、奥州管領設置。
貞和 五	一三四九	この年、観応の擾乱、始まる。九月、足利基氏、鎌倉に入り（鎌倉公方）、高師冬が執事として補佐。
観応 二	一三五一	正月、高師冬、甲斐で戦死。二月、奥州管領吉良貞家、同じく管領の畠山国氏と父高国が籠もる陸奥岩切城を落とし、畠山父子、切腹。十二月、駿河薩埵山合戦、尊氏勝利。
文和 元	一三五二	正月、尊氏と直義、講和。二月、直義、急死。これにより観応の擾乱、ほぼ収束。
文和 二	一三五三	七月、尊氏、鎌倉を離れるにあたり、基氏を武蔵入間川陣に移す。

貞治　二	一三六三	三月、上杉憲顕、関東管領に復帰。
貞治　六	一三六七	四月、足利基氏死去。
応安　元	一三六八	九月、上杉憲顕死去。
康暦　元	一三七九	三月、上杉憲春自害。
明徳　三	一三九二	正月、幕府、奥羽二国を鎌倉府の管轄とする。
応永　五	一三九八	十一月、鎌倉公方足利氏満死去。嫡子満兼、跡を継ぐ。
応永　六	一三九九	この年、足利満兼、弟満貞・満直を奥州に派遣（稲村御所・篠川御所）。十一月、満兼、大内義弘の反乱に同調し、武蔵府中まで出陣。
応永　七	一四〇〇	幕府、斯波（大崎）氏を奥州探題に任命。
応永　十六	一四〇九	七月、足利満兼死去。嫡子持氏、跡を継ぐ。
応永二十三	一四一六	十月、上杉禅秀・足利満隆挙兵。足利持氏は駿河、関東管領上杉憲基は越後へ没落。
応永二十四	一四一七	正月、上杉禅秀・足利満隆、自害。
正長　元	一四二八	正月、足利義持死去。弟の義円（義教）跡を継ぐ。
永享　十	一四三八	八月、足利持氏、上杉憲実討伐のため挙兵。九月、義教の命令を受けた今川範忠、鎌倉に侵攻。十一月、持氏、捕らえられ鎌倉永安寺に入る。
永享　十一	一四三九	二月、持氏と嫡子義久、自害。
永享　十二	一四四〇	三月、足利持氏遺児安王丸・春王丸、常陸で挙兵、下総結城城に入る。六月、篠川御所足利満直、石河持光らに攻撃され自害。七月、上杉方の軍勢、結城城を包囲。
嘉吉　元	一四四一	四月、結城城落城。安王丸・春王丸は捕らえられ、結城氏朝は自害。五月、安王丸・春王丸、美濃垂井宿で処刑。六月、将軍足利義教、赤松満祐邸で殺害される。
文安　四	一四四七	八月、足利持氏の遺子万寿王丸、鎌倉に帰還。
文安　五	一四四八	十一月、この頃までに上杉憲忠、関東管領となる。
宝徳　元	一四四九	万寿王丸、八代将軍足利義成（のち義政）から偏諱を受け、成氏と名乗る。

年号	西暦	事項
宝徳 二	一四五〇	四月、江の島合戦起こる。
享徳 三	一四五四	十二月、成氏、憲忠を自邸に招き誅殺（享徳の乱の開始）。
康正 元	一四五五	正月、成氏、武蔵高幡・分倍河原などで上杉方を破る。三月、成氏、下総古河に着陣。四月、幕府方の駿河守護今川範忠・越後守護上杉房定、関東へ向けて出陣。五月、上杉方の小栗城、陥落。六月、今川範忠、鎌倉を占領。八月、千葉氏で内紛、本宗家の胤直・宣胤父子が自害し、庶家の馬加康胤、本宗家を継ぐ。十二月、上杉方の天命・只木山、陥落。
康正 二	一四五六	正月、古河公方成氏方、下総市川城を落とし、千葉実胤・自胤兄弟、武蔵に没落。九月、武蔵岡部原合戦。十一月、千葉（馬加）康胤、上総八幡郷で東常縁と戦い、敗死。
長禄 元	一四五七	五月、蝦夷島でコシャマインが蜂起。十二月、足利政知、渋川義鏡とともに京を出立。
長禄 二	一四五八	五月、岩松持国、上杉方に寝返る。八月、この頃までに政知、伊豆に入る（堀越公方）。
長禄 三	一四五九	上杉房顕・房定、渋川義鏡ら、武蔵五十子陣に入る。十月、上野羽継原合戦。十一月、常陸信太荘合戦。
寛正 元	一四六〇	正月、今川範忠の軍勢、鎌倉より撤退。
寛正 二	一四六一	三月、今川範忠、嫡子義忠に家督を譲る。五月、この頃、岩松持国、岩松家純により殺害か。十月、自殺した堀越公方府重鎮上杉教朝に代わり、嫡子政憲が伊豆に下向。この年、太田道真、武蔵龍穏寺に退隠、嫡子道灌、家督を継ぐ。
寛正 三	一四六二	十二月、将軍義政、堀越公方府が没収していた扇谷上杉持朝給付の兵粮料所を旧に復すように命じる。
寛正 四	一四六三	八月、長尾景仲死去。
寛正 五	一四六四	この年から翌年の間に、武田信昌、跡部氏を滅ぼす。
文正 元	一四六六	二月、上杉房顕死去。上杉憲実、長門国大寧寺で死去。

応仁 元	一四六七	五月、上杉持朝死去。京都では応仁の乱が始まる。十一月、武田伊予守、逸見氏を討つ。
応仁 二	一四六八	二月、武田伊予守・岩崎信光、武田信昌に背いて討たれる。十月、上野毛呂島・綱取原合戦。
文明 元	一四六九	正月、武蔵河越の太田道真館で連歌会「河越千句」が興行される。この年、岩松家純、金山城を築き、新田荘に入部。
文明 三	一四七一	四月、上杉方、攻勢に出る。五月、上杉方、古河城を包囲。成氏、古河城を脱出、下総本佐倉の千葉孝胤を頼る。甲斐で逸見氏一門が切腹、武田信昌の攻撃によるか。
文明 四	一四七二	春頃、成氏、古河城に復帰。
文明 五	一四七三	六月、長尾景信死去。弟の忠景、山内上杉氏家宰となる。十一月、上杉政真戦死。
文明 六	一四七四	八月、今川義忠、遠江府中を攻撃、狩野宮内少輔を自害させる。
文明 八	一四七六	二月、今川義忠、遠江塩買坂で敗死。道灌・上杉政憲、今川氏の家督問題調停のため駿河に入り、小鹿範満を当面の家督とする。五月、甲斐で武田氏一族の栗原弾正ら戦死、武田信昌との抗争によるか。この年、長尾景春、五十子陣を離脱、武蔵鉢形城に引き籠もる。
文明 九	一四七七	正月、景春、五十子陣を急襲。長尾景春の乱、始まる。三月、道灌、相模で景春方の溝呂木某の要害、小磯要害を落とす。四月、道灌、武蔵江古田原で景春方の豊嶋勘解由左衛門尉・平右衛門尉兄弟に勝利。相模小沢要害、武蔵石神井城陥落。五月、道灌、武蔵用土原で景春方に勝利。景春、武蔵富田に張陣して成氏に助勢を願う。岩松家純、嫡子の明純を義絶。秋、成氏、上野に出陣。上杉顕定・定正、上野白井城に撤退。九月、顕定、白井城から出陣。十月、景春・成氏方と道灌らの軍勢が対峙。十一月、景春勢、撤退。十二月、成氏、上野広馬場に張陣。上杉方、上野水沢・白岩の麓に張陣。
文明 十	一四七八	正月、成氏と上杉方、和睦。成氏、武蔵成田に陣所を移す。道灌、豊嶋勘解由左衛門尉を攻撃。勘解由左衛門尉、武蔵小机城に籠城。三月、定正・道真、武蔵浅羽陣の景春を破る。景春、千葉孝胤とともに武蔵羽生峯に陣取るも、定正・資忠の進出によって成田へ退散。四月、小机城陥落。この後豊嶋勘解由左衛門尉、消息不明（豊嶋氏の滅亡）。道灌、武蔵二宮城の

年号	西暦	事項
		大石駿河守、相模磯部の城々を降服させ、武蔵村山へ進出して相模奥三保に籠もった景春党を、資忠に攻撃させる。六月、甲斐住人加藤らが資忠の陣を攻撃するが、撃退される。道灌、甲斐に侵入して加藤要害を攻撃、鶴河あたりに放火。七月、成氏、古河に帰座。十二月、上杉方と千葉孝胤方、下総境根原で戦い、上杉方勝利。
文明　十一	一四七九	正月、孝胤、下総臼井城に籠もり、上杉方包囲。七月、臼井城陥落。孝胤は逃亡。九月、景春、秩父に籠もる。この年、信濃で小笠原氏松尾家の家長定基父子と鈴岡家の政秀とが抗争。政秀が勝利。
文明　十二	一四八〇	正月、景春、武蔵児玉で蜂起。道灌・定正、景春陣を夜襲、景春は秩父へ退散。景春、越生へ出張、道真、これを撃破。五月、道灌、東上野の敵を撃破。六月、道灌、景春の拠点日野城を攻略、景春は成氏のもとへ逃亡（景春の乱、ほぼ終結）。この年以降、小笠原府中家の長朝、仁科・西牧・山家氏らと抗争。
文明　十四	一四八二	十一月、足利義政、上杉房定の斡旋する成氏との和睦を受け入れる（都鄙和睦）。
文明　十五	一四八三	この年、伊達成宗、奥州探題職補任工作のため上洛。
文明　十八	一四八六	七月、道灌、相模糟屋館で上杉定正に謀殺される。
長享　元	一四八七	十一月、小鹿範満、敗死。今川義忠嫡子竜王丸、今川氏家督となる。閏十一月、上杉定昌に派遣された宇佐美新兵衛尉、下野勧農城を攻撃、長享の乱始まる。
長享　二	一四八八	二月、相模実蒔原で山内・扇谷両上杉の合戦があったという。三月、扇谷方、上野葛塚要害を攻撃、山内方の勝利。白井城で上杉定昌、自害。六月、武蔵須賀谷原で両上杉が合戦、勝敗決せず。八月、万里集九、武蔵平沢寺の陣で太田資康に対面。十一月、武蔵高見原で両上杉が合戦、山内方の勝利。
延徳　二	一四九〇	閏七月、山入義藤・氏義父子、佐竹義舜を太田城から追放。十二月、両上杉、和睦。

延徳　三	一四九一	四月、堀越公方足利政知、死去。七月、政知の子茶々丸、異母弟潤童子と継母円満院を殺害し、堀越公方となる。
明応　元	一四九二	六月、武田信昌・信恵方の栗原大輔と武田信縄とが戦い、栗原は敗れて穴山信懸を頼る。七月、甲斐市川で武田信縄と穴山方が合戦。九月、今川氏親、甲斐に侵入。
明応　二	一四九三	四月、京都で細川政元がクーデター。十代将軍足利義材が廃され、足利政知の子香厳院清晃が擁立される。五～八月、伊勢宗瑞、伊豆に打ち入り、堀越御所を襲撃。九月、宗瑞、相模・武蔵出兵。
明応　三	一四九四	三月、武田信縄方が信昌・信恵方に大勝。七月、山内・扇谷両上杉、抗争再開。八月、宗瑞、遠江三郡に出兵、高藤城を陥落させる。九月、宗瑞、武蔵に出陣、久目川で初めて上杉定正と会見。十月、定正、荒川で落馬し死去。扇谷方は山内方に敗戦。越後守護上杉房定死去。三男房能が跡を継ぐ。
明応　四	一四九五	この年、茶々丸、伊豆七島のいずれかへ落ち延びる。宗瑞、伊豆北部をほぼ押さえる。四月、岩松尚純、横瀬氏を攻撃するが失敗、隠居する（屋裏の錯乱）。八月、宗瑞、伊豆から甲斐へ打ち入り。
明応　五	一四九六	七月、山内上杉顕定、相模で攻勢に出、勝利。この年、茶々丸、甲斐に入り、富士山に登る。
明応　六	一四九七	この年、顕定、武蔵上戸に張陣。四月、伊豆で宗瑞方の柏久保城が狩野氏に攻撃されるが、大見三人衆などの活躍で撃退。九月、足利成氏、死去。
明応　七	一四九八	八月、明応大地震。茶々丸、切腹。宗瑞、伊豆をほぼ平定。この年、武田信縄と信昌・信恵が和睦。また、この年、太田資康、死去。
明応　九	一五〇〇	この年、越後で本庄氏が反乱、上杉房能、鎮定を図るが敗戦。なお、この年六月から翌文亀元年三月までの間に伊勢宗瑞が相模小田原城を奪取したともいう。

著者略歴

一九六二年、北海道に生まれる
一九九三年、早稲田大学大学院文学研究科博士後期課程単位取得退学
現　在、早稲田大学文学学術院教授、博士（文学）

〔主要著書〕
『戦国大名と公儀』（校倉書房、二〇〇一年）
『戦国時代戦争経済論』（校倉書房、二〇一五年）
『戦国大名の兵粮事情』（吉川弘文館、二〇一五年）
『中近世移行期の公儀と武家権力』（同成社、二〇一七年）

列島の戦国史1
享徳の乱と戦国時代

二〇二〇年（令和二）五月二十日　第一刷発行

著　者　久《く》保《ぼ》健《けん》一《いち》郎《ろう》
発行者　吉　川　道　郎
発行所　株式会社　吉川弘文館
郵便番号一一三—〇〇三三
東京都文京区本郷七丁目二番八号
電話〇三—三八一三—九一五一〈代表〉
振替口座〇〇一〇〇—五—二四四
http://www.yoshikawa-k.co.jp/
印刷＝株式会社　三秀舎
製本＝誠製本株式会社
装幀＝河村　誠

ISBN978-4-642-06848-2